Peter Josef Senner
(Herausgeber)

Acht Erfolgsdisziplinen
für Verkaufsleiter

Peter Josef Senner

(Herausgeber)

Acht Erfolgsdisziplinen für Verkaufsleiter

MAX SCHIMMEL VERLAG

PARTNER FÜR ERFOLGE

MAX SCHIMMEL VERLAG

PARTNER FÜR ERFOLGE

ISBN 3-920834-82-8
© 2000 by Max Schimmel Verlag, Würzburg
Im Kreuz 9, 97076 Würzburg
Alle Rechte vorbehalten
Herstellung: Max Schimmel Verlag, Würzburg

Inhalt

Peter Vondra

Karl Hemeyer

Rolf Lindemann

Die sechs Hüte des Denkens 194
Der Weg, Besprechungen effektiver zu machen

1. „Vorbereitete Zusammenkunft" 195

2. Unter Leitung oder durch Moderation 196

3. „... zielgerichtet austauschen" 197

Vorwort

Umsatzziele, Ergebnisverantwortung, Mitarbeiterführung, Verkaufskonzepte, Organisationsentwicklung, Meetings, Selbstmanagement – die Liste der Verantwortungsbereiche von Verkaufsleitern kann noch in gehörigem Umfang verlängert werden. So manch plakativ klingender Managementstil, zahlreiche, mit modernen Begriffen titulierte Führungsphilosophien, werden im Blätterwald als Heilsbringer für die komplexen Aufgabenstellungen im Verkauf gebracht. Dabei wird häufig übersehen, daß Verkaufsleiter weniger bei schlauen Theorien Unterstützung suchen, sondern bei handfesten und erprobten Methoden und Konzepten.

Mit den „8 Erfolgsdisziplinen für Verkaufsleiter" soll diesem Bedarf gezielt Rechnung getragen werden. Acht in Verkaufsmanagement und Training erfahrene Autoren geben dabei wichtiges Handwerkszeug aus ihrer Werkstatt zum Besten. Wir haben den Titel „Erfolgsdisziplinen" gewählt. Einerseits, weil Verkaufsleiter zum nötigen Geschick auch den persönlichen Biß benötigen, um konsequent und diszipliniert ihre Führungsaufgaben zu bewältigen. Andererseits, weil die Synthese von intelligenten Kundenmanagement-Konzepten, realitätsbezogenem, partnerschaftlichem Führungsverhalten und fundierten Methoden in Mitarbeiter-Motivation und -Förderung erst den Erfolg einer Verkaufsmannschaft bewirken. Und nicht zuletzt der sorgfältige Umgang mit sich selbst in punkto Fitness und Gesundheit spielt eine allzu häufig mißachtete weitere Schlüsselrolle als Erfolgsdisziplin.

Wer in modernen, sich schnell verändernden Märkten seine Verkaufsmannschaft zum Erfolg führen will, braucht praxisnahe Konzepte, Strategien und Methoden. Das vorliegende Buch soll hierzu fundierte und schnell umsetzbare Unterstützung leisten.

Türkheim, im Mai 2000

Peter Josef Senner (Herausgeber)
Coaching Concepts GmbH + Co.KG

Als starkes und flexibles Trainingsunternehmen entwickelt Coaching Concepts moderne Weiterbildungskonzepte für Unternehmen verschiedenster Branchen durch und bietet offene Seminarveranstaltungen und Vortragsreihen an.

Alle Autoren dieses Buches sind Kooperationspartner im bundesweit organisierten Coaching Concepts-Trainer-Netzwerk. Die Bereiche Führung und Verkauf bilden dabei die eindeutigen Schwerpunkte.

COACHING CONCEPTS
GmbH + Co. KG

Herbert-Kessel-Straße 13 – 86842 Türkheim
Telefon 0 82 45 / 90 46 50 – Fax 0 82 45 / 90 46 52
E-Mail: zentrale@coachingconcepts.de

Die Autorin

Gudrun Windisch

Zukunftskonferenz – Der neue Weg der Kundenbindung

Gudrun Windisch war jahrelang als Führungskraft in der Wirtschaft tätig und bietet Unternehmen Lösungsansätze aus der Praxis für die Praxis. Sie konzentriert sich auf das Thema Veränderungsprozesse im Unternehmen.

Unter ihren Kunden sind einige der größten Konzerne Deutschlands sowie zahlreiche Mittelständler. Zu ihren speziellen Fähigkeiten gehört das Management großer Seminargruppen. Zukunftskonferenzen mit Kunden sind für sie ein neuer, effizienter Weg zur Stärkung der Kundenbindung.

Zukunftskonferenz – der neue Weg der Kundenbindung

1. Einleitung

Immer mehr Geld lassen es sich Firmen kosten, ihre Kunden langfristig an sich zu binden. Vom Preiskampf über Produktmanagement bis hin zu teuren Events – nichts wird ausgelassen, um König Kunde zu halten. Aber ist es wirklich das, was der Kunde will? Wie können wir ein starkes Band knüpfen, das niemals reißt? Warum fragen wir ihn eigentlich nicht selbst? Nach seinen Wünschen, nach noch besseren Möglichkeiten zur Zusammenarbeit?

Die Zukunftskonferenz bietet die ideale Plattform, um Firmen und ihre Kunden an einen Tisch zu bringen, die Gegenwart zu analysieren und gemeinsam die Zukunft zu entwickeln. Der Nutzen: Der Kunde fühlt sich gehört und ernst genommen. Das Arbeiten an gemeinsamen Zielen, das Finden von Lösungen schafft eine Bindung, die Sie und Ihre Kunden noch enger zusammenschweißt.

Mitarbeiter, die sich bislang nur vom Telefon kannten, lernen sich endlich persönlich kennen. Hier wird neuer Raum geschaffen für partnerschaftliche, intensive Zusammenarbeit mit gleichgerichteten Zielen. Wünsche, Anregungen, Kritik können direkt vor Ort mit verschiedenen Abteilungen besprochen werden. So werden Lösungen erarbeitet, die beide Seiten zufrieden stellen.

Und auch der Spaß kommt nicht zu kurz. Abends bleibt genügend Zeit zur gemeinsamen Erholung.

Investieren Sie sinnvoll. Binden Sie Ihre Kunden an sich!
Veranstalten Sie eine Zukunftskonferenz!

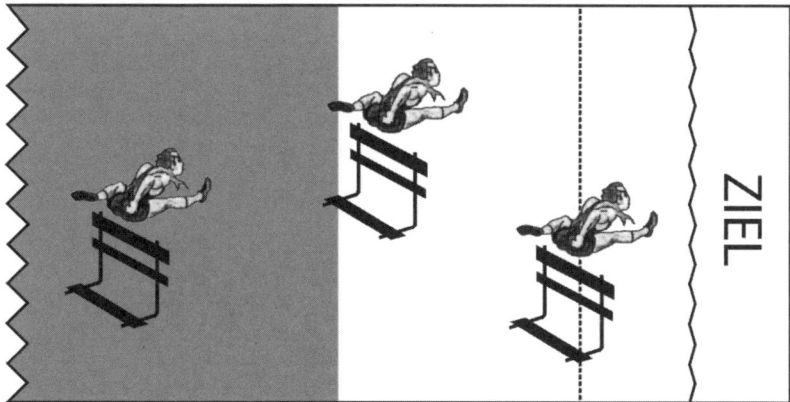

Abbildung 1

Das Ziel der Unternehmensleitung: Jedes Jahr eine Kundenbefragung. Die Antwort der Kunden lautet mittlerweile – es ändert sich sowieso nichts. Daraufhin beschloss die Niederlassung eines IT-Konzerns einen neuen Weg zu beschreiten. Gemeinsam mit dem Unternehmen wurde eine Zukunftskonferenz mit dem Thema **Kundenzufriedenheit** erarbeitet

35 Personen (15 Kunden, Vertrieb, Service, Technik, Abwicklung) trafen sich an einem schönen Ort von Donnerstag, 12 Uhr, bis Freitag, 12 Uhr. Sie erlebten an gemischten sechser Tischen die drei Stufen: Vergangenheit, Gegenwart, Zukunft.

Vergangenheit: Hier wurden die Befragungs-Ergebnisse vorgestellt, d. h., so sah der Bogen für den Kunden aus und diese Auswertung bekam das Unternehmen vom Institut.

Gegenwart: In Form eines Marktplatzes stellten die einzelnen Abteilungen ihre Ergebnisse und die daraus abgeleiteten Maßnahmen vor. Hier entstand ein reger Austausch mit dem Kunden.

Zukunft: In diesem Schritt entwarfen die Gruppen das Bild einer Zukunft, in der sie gerne zusammenarbeiten würden. Eine Visionsarbeit, die sehr fantasievoll, kreativ und mit Spaß und Freude präsentiert wurde. Während der Präsentation wurde die Begeisterung spürbar, die Inhalte waren sehr ähnlich und die Gemeinsamkeiten aller Gruppen wurden sichtbar.

Maßnahmen: Jetzt begann der wichtige Schritt: Wie kommen wir vom „Ist" – Vergangenheit – zum „Soll" – Zukunft. Jeder Vertriebsbeauftragte setzte sich mit seinem direkten Kunden zusammen und beide beschlossen mit Vertrag, bis wann diese Maßnahmen umgesetzt und erreicht werden sollen.

Abschlussrunde: Die Kunden äußerten sich:
- Wir fühlen uns ernst genommen.
- Es war sehr mutig vom Unternehmen, die Kunden zusammenzubringen – aber der Mut hat sich gelohnt.
- Es wäre gut, unsere Firma würde ihre Kunden auch so mit einbeziehen.
- Die Erwartungen sind hoch.
- Die vereinbarten Maßnahmen müssen jetzt auch eingehalten werden.
- Die Art der Zukunftsarbeit hat ganz neue Aspekte.
- Die nächste Zukunftskonferenz soll geplant werden.

Die Aussagen der Vertriebsleiter: Es hat mehr gebracht, als wir es uns je vorgestellt haben. Wir machen weiter so. Die nächste Zukunftkonferenz ist im Jahr 2000 schon fest eingeplant.

Dies war ein kurzer Einblick wie eine Zukunftskonferenz eingesetzt werden kann. Im Folgenden erhalten Sie detaillierte Informationen, wie miteinander schneller, effizienter Fortschritte zu erzielen sind, um so langfristig wirksame Veränderungen zu erreichen. Was zählt, ist die Umsetzung! Nach diesem Grundsatz werden Erfolgskonzepte und Veränderungsprozesse für Unternehmen initiiert und realisiert. Erst das Handeln schafft Erfolg.

Wenn großflächiger Wandel schnell gehen soll, wenn die Energien vieler für neue Ziele und Programme zu mobilisieren sind, wenn nicht zuletzt eine Gemeinsamkeit von Visionen, Werten und Zielen bei vielen – vielleicht dem ganzen Unternehmen – entstehen soll, dann kann es sinnvoll sein, das ganze offene System oder große Querschnitte desselben für zwei bis drei Tage in einen Raum zu holen. Ein aufregendes Abenteuer beginnt...

1.1 Die Zeit drängt

Wir kennen das Lied: Immer mehr Unternehmen und Organisationen müssen sich verändern. Manchmal ist es primär ein strategischer Wandel, manchmal in erster Linie ein kultureller. Doch eines ist fast immer wichtig: Die Veränderung muss *schnell* gehen. Sie sollte am besten schon gestern stattgefunden haben. Denn das Umfeld bewegt sich weiter, die Wettbewerber warten nicht, die Ressourcen werden knapper, und/oder die Konzernspitze droht mit Verkauf.

Während wir in dieser Lage gezwungen sind, einen Zahn zuzulegen und unsere Unternehmen und Organisationen zu *einer* Kraft zu machen, die mit aller Energie *ein* Ziel verfolgt, arbeiten wir immer noch mit den Veränderungsmodellen der Vergangenheit weiter. Es gibt hier sicher verschiedene Ansätze, doch eines haben fast alle gemein: Die Veränderung beginnt an *einer* Stelle. Diese *eine* Stelle ist meistens das Top-Management, manchmal eine Projektgruppe (die dann hofft, das Top-Management und die Kollegen zu überzeugen) und manchmal ein von oben bestimmter oder von selbst entstandener „Pilot" in irgendeinem Winkel der Organisation. Von dieser *einen* Stelle aus wird dann die Veränderung auf den Rest der Mannschaft übertragen. Da es meistens oben beginnt, können wir den Prozess auf Neudeutsch *top-down-rollout* nennen. Die Veränderung wird in die Organisation „ausgerollt". Hierzu wird eine Kampagne konzipiert – manchmal geschickt, manchmal weniger geschickt, mal nur nüchtern, mal auch emotional, da über die Linie, dort über „By-Pässe", manchmal nur Memos, manchmal Versammlungen mit Ansprachen, manchmal Trainingsprogramme, manchmal Workshopserien, um die

Betroffenen zu ... – wir kennen es. In jedem Fall geschieht der Wandel (wenn er denn geschieht) *sequenziell*. Er beginnt an einer Stelle und arbeitet sich dann, so ist es gedacht, nach unten oder seitwärts schrittweise vor. Auf dem Weg finden zahllose Meetings statt, werden Widerstände bearbeitet und Wiederholungsschleifen gedreht. Das alles kostet *Zeit*.

> **Das Feuer, das wir an
> einer Stelle entzünden,
> wird oft gar nicht
> zu dem Flächenbrand,
> den wir uns wünschen.**

Beispielhaft möchte ich zwei Konferenzmodelle beschreiben, mit denen sich eigene Erfahrungen verbinden. Die erste, die *future search conference* (Zukunftskonferenz), ist schwerpunktmäßig dafür geeignet, Visionen und Ziele zu *entwickeln*, und zwar mit ca. 30 bis 72 Teilnehmern. Die Zielrichtung der zweiten, der *real time strategic change conference* (RTSC-Konferenz), liegt darin, vorab bereits als Entwurf geplante Visionen, Werte, Ziele und/oder Programme gemeinsam zu *überarbeiten* und alle Teilnehmer dafür zu gewinnen. Die Teilnehmerzahl hierfür kann bei 50 beginnen und ist nach oben hin offen. Bis heute wurden solche Konferenzen mit bis zu 900 Teilnehmern und in vier parallel laufenden Veranstaltungen sogar mit 2200 Teilnehmern (einem ganzen Werk von Ford in den USA) durchgeführt. Alles sehr interaktiv mit viel Kleingruppenarbeit. Die Teilnehmer sitzen nicht wie im Kino und lassen sich bei Dämmerlicht von einer Folien-Show berieseln, sie arbeiten an Tischen mit je acht Kollegen.

Zukunfts- und RTSC-Konferenzen folgen einer „Formel", der Formel für Veränderung und Mobilisierung. Diese Formel wurde in den 60er-Jahren von David Gleicher entwickelt und von Richard Beckhard bekannt gemacht.

Unzufriedenheit mit der Realität	*Aufrütteln*
x Identifikation mit einer Vision/Zielsetzung	*Visionieren*
x Erste Schritte	*Glaubwürdigkeit schaffen*
= Energie für Veränderung	

Wenn wir die Realität verstehen und erkennen, dass es so nicht weitergehen kann, wenn wir eine stimulierende Vision und/oder Zielsetzung vor Augen haben und wenn wir sehen, dass wir selbst und andere erste Schritte tun, dann beginnen wir an die Vision oder Zielsetzung zu glauben und dann ist die Energie für Veränderung da. Es ist, als ob eine Art Schalter in uns umgestellt wurde. Daher sind die unten beschriebenen Konferenzen so aufgebaut, dass man diesen drei Elementen folgt. Zuerst wird ein gemeinsames Bild der heutigen Realität erzeugt, umfassend, detailreich, die Blickwinkel und das Wissen aller Beteiligten einbeziehend. Es wird herausgearbeitet, was anders werden muss. (Die große Zahl der Teilnehmer hilft, organisationsweit gleichzeitig den gleichen Informationsstand zu schaffen.) Dann wird die Vision entworfen, und/oder es werden gemeinsame Ziele/Prioritäten entwickelt respektive überarbeitet (wenn sie schon vorab erarbeitet wurden). Dabei wird sichergestellt, dass die Visionen und Ziele nicht nüchterne Texte bleiben, sondern zu lebendigen, stimulierenden Bildern werden. Schließlich wird die Umsetzung geplant. Der größte Teil dieser Arbeit geschieht an „Max-mix-Tischen". An diesen sitzt jeweils in „maximaler Mischung" ein Querschnitt des Unternehmens. Man könnte diese Tische als Fraktale des ganzen Systems bezeichnen.

1.2 Die Zukunftskonferenz von Marvin Weisbord

Die Entstehungsgeschichte der *future search conference* (der *Zukunftskonferenz*) reicht zurück in die frühen 60er-Jahre zu Fred Emery und Eric Trist, die damals zusammen am Tavistock Institute in London tätig waren. Fred Emery kehrte später heim nach Australien und führte dort mit seiner Frau Merrelyn Emery zahlreiche Zukunftskonferenzen durch. In den USA arbeitete seit den Siebzigerjahren Ronald Lippitt am NTL und MIT in eine sehr ähnliche Richtung.

Aus diesen und anderen Strömungen in anderen Teilen der Welt schöpfte Marvin Weisbord und entwickelte seine – nach meiner Erfahrung sehr wirkungsvolle – Version der Zukunftskonferenz. Bis zu 72 Teilnehmer (9 Tische à 8) kommen für zweieinhalb Tage in einem Raum zusammen. Sie stellen einen repräsentativen Querschnitt der ganzen Organisation dar, um die es geht. Neben der Geschäftsleitung finden sich dort Vertreter aller Funktionen und aller Hierarchieebenen ein, Männer wie Frauen, Inländer wie Ausländer, Betriebsräte und oft Kunden, Händler und Lieferanten, das ganze *offene* System eben.

Die Zukunftskonferenz nach Marvin Weisbord besteht aus fünf Schritten, die alle etwa einen halben Tag lang dauern. Im ersten Schritt beschäftigt man sich mit der Vergangenheit, im zweiten mit der Gegenwart (einmal außen, einmal innen), im dritten mit der Zukunft (Vision und Ziele), im vierten mit dem Konsens über die Ziele und im letzten mit der Planung von Maßnahmen, den ersten Schritten (siehe Abbildung 2). Sie ist wie ein Trichter, man beginnt sehr breit mit einer umfassenden Analyse der Realität und verengt sich dann zusehends bis hin zu dem, was ab folgendem Montagmorgen geschehen soll.

Im ersten Schritt blickt man zurück in die letzten zwei oder drei Jahrzehnte der betreffenden Organisation, aber auch in die Vergangenheit der beteiligten Personen und der Welt, in der wir leben. Erinnerungen werden auf „Zeitlinien", die als große Papierstreifen im ganzen Raum an den Wänden hängen, gesammelt und dann in Gruppen interpretiert. Durch den Blick zurück erkennen die Teilnehmer – mit dem Kopf *und* dem Herz – dass sie schon lange in einem Boot sitzen, dass sie zusammen sonnige Tage des Erfolgs und frostige Nächte des Misserfolgs durchlebt haben und dass sie schon in der Vergangenheit Probleme hatten, Veränderungen bewältigen mussten und all das gemeistert haben. Diese erste Phase der Konferenz dient dem Warm werden, sie schafft Atmosphäre und erzeugt ein Gefühl von Gemeinschaft. Verzichtet man darauf, bereut man es meistens.

Der zweite Schritt, die Auseinandersetzung mit der Gegenwart, besteht aus zwei Teilen. Zuerst wird das Umfeld untersucht. Entwicklungen und Ereignisse im Umfeld werden gesammelt, auf einem großen Mindmap (1,5 m x 4,5 m) an der Wand dargestellt, mit Punkten gemeinsam gewichtet und schließlich in homogenen, nicht Max-mix-Gruppen bearbeitet: Was ist unsere heutige Antwort auf diese Entwicklung, dieses Ereignis? Was sollte unsere künftige Antwort auf diese Entwicklung, dieses Ereignis sein? Im zweiten Teil des zweiten Schrittes schaut man nach innen: Worauf sind wir stolz, was bedauern wir, und zwar in Bezug auf unser *eigenes* Handeln im Zusammenhang mit dem Thema der Konferenz. Auch hier wird in homogenen Gruppen gearbeitet. Denn in Zukunftskonferenzen sollen unterschiedliche Sichtweisen der „Interessengruppen" zum Ausdruck kommen können und gewürdigt werden. Sie sollen Bestandteil der Realität aller werden. Zugleich werden in dieser Phase aber auch gemeinsame Werte deutlich. Die Teilnehmer erkennen, dass sie ein unsichtbarer Faden verbindet. Und sie beginnen, sich für Missstände gemeinsam verantwortlich zu fühlen.

Im dritten Schritt entwerfen die Gruppen das Bild einer Zukunft, für die sie gerne arbeiten würden, die strategisch in die Landschaft passt, die ihren Werten entspricht und die eine Idealvorstellung ist: das Beste, was diese Organisation oder Firma werden könnte. Die Visionsarbeit geschieht auf schöpferische, fantasievolle und durchaus auch lustige Art und Weise. Darstellungsformen sind Sketche, Collagen, Gedichte, Bilder, Reden und Lieder. Während der Präsentation steigt die Begeisterung, und die Lust auf Zukunft wird spürbar. Die Inhalte der Präsentationen sind sehr ähnlich, Gemeinsamkeiten werden sichtbar. Dies ist der emotionale Höhepunkt der Konferenz.

Schaffung einer gemeinsamen Basis als Ausgangspunkt	**Vergangenheit:** *Aufgabe 1:* Rückblick auf Schlüsselereignisse in der Gesellschaft, jedes Einzelnen, der veranstaltenden Gemeinschaft, in den letzten x Jahrzehnten. **Gegenwart:** *Aufgabe 2:* Äußere Einflüsse: Kräfte, die unser Leben und unsere Organisation im Moment beeinflussen. *Aufgabe 3:* Innere Einflüsse: Was tun wir, auf das wir stolz sind, was bedauern wir?
Schaffung einer wünschenswerten Zukunft	**Zukunft:** *Aufgabe 4:* Ideal-Szenarien für die Zukunft. Gemeinschaftliche Themen. **Gegenwart:** *Aufgabe 5:* Entwicklung neuer Aktionsschritte auf der Basis des bis hierher Erarbeiteten.

Abbildung 2

Im vierten Schritt arbeiten die Tische die Gemeinsamkeiten der Präsentationen und den Bodensatz verbleibender Differenzen heraus. Das Ergebnis wird im Plenum zusammengetragen und diskutiert und bildet dann die Basis für das, worauf es letztlich ankommt: die Maßnahmen.

Diese werden im fünften und letzten Schritt geplant, und zwar meist in homogenen Gruppen. Abteilungstische wie auch externe Gruppen erarbeiten, was sie kurz- und langfristig tun wollen, um die gemeinsamen Ziele zu erreichen. Am Ende verpflichtet sich jede Gruppe öffentlich zu ihrem Programm.

Das Modell von Marvin Weisbord ist besonders geeignet, um mit einer großen Gruppe Visionen, Schwerpunktziele und Maßnahmen zu erarbeiten. Das ist das greifbare Resultat. Der immaterielle und fast noch wichtigere Nutzen besteht in der gestiegenen Bereitschaft zur Veränderung, in dem ernsthaften Willen zur Umsetzung des Geplanten und in einem größeren Gemeinschaftsgefühl. Kurz: in einem Energieschub. Da viele Umsetzer von vornherein dabei waren, ist die Chance groß, dass hinterher viel implementiert wird.

2.   Die RTSC-Konferenz von Kathleen Dannemiller und ihren Partnern

Während der Schwerpunkt der Weisbord'schen Zukunftskonferenz auf dem *Neu-Erarbeiten* von Visionen und Schwerpunktzielen liegt, will Kathleen Dannemiller mit ihrer RTSC-Konferenz, die prinzipiell ähnlichen Gesetzmäßigkeiten gehorcht, mit einer sehr großen Gruppe schon von der Geschäftsleitung vorgegebene Visionen, Ziele, Werte und/oder Programme überprüfen, um dadurch den strategischen und/oder kulturellen Wandel auf sehr breiter Basis (simultan!) in Gang zu setzen. Die Zielrichtungen beider Konferenzmodelle sind in Abbildung 3 grafisch dargestellt. Sie überlappen sich und sind auch nicht einzelnen Kästchen streng zuordenbar, denn beide Konferenzmodelle haben positive Nebenwirkungen, die über den engeren Konferenzzweck hinausgehen. Die RTSC-Konferenz von Kathleen Dannemiller (sie hat sie zuerst bei Ford erprobt) ist auf sehr viel größere Personenzahlen als die von Marvin Weisbord zugeschnitten. Kathleen Dannemiller hat mit bis zu 2200 Personen zusammengearbeitet und sieht nach oben hin keine Grenze.

Sie hat zwar ein Standardmodell der RTSC-Konferenz entworfen, sieht dies jedoch nur als Basis für maßgeschneiderte Designs an. Es gibt darin Module, die dem Aufrütteln, dem Visionieren, dem Erste-Schritte-Planen oder mehrem gleichzeitig dienen und die den Erfordernissen der Organisation entsprechend konzipiert und zusammengestellt werden müssen. Ich stelle im Folgenden nicht das Standardmodell dar. Man kann bei Kathleen Dannemillers Kollegen Robert Jacobs sehr viel darüber lesen. Nachfolgend eine Abwandlung, zugeschnitten auf einen konkreten Fall:

2.1 „Mit Reum in die Zukunft"

So lautete das Motto der Konferenz, die im Juni 1995 bei der REUM AG, einem Hersteller von Metall- und Kunststoffteilen (hauptsächlich für die Automobilindustrie), stattgefunden hat. Die Unternehmerin hatte mehrere Ziele:

■ Die Automobilindustrie drängte das Unternehmen, in andere Länder zu expandieren; und das war auch ein wesentliches Element ihrer eigenen Vision. Doch bei den Mitarbeitern spürte sie Zurückhaltung. Diese sollten für ihren Traum gewonnen werden.

■ Die Kultur des Unternehmens sollte sich weiterentwickeln, hin zu Offenheit, Mut, Initiative, Verantwortungsbewusstsein, Herzlichkeit (ihr Wort), Teamarbeit, Neugier auf Neues...

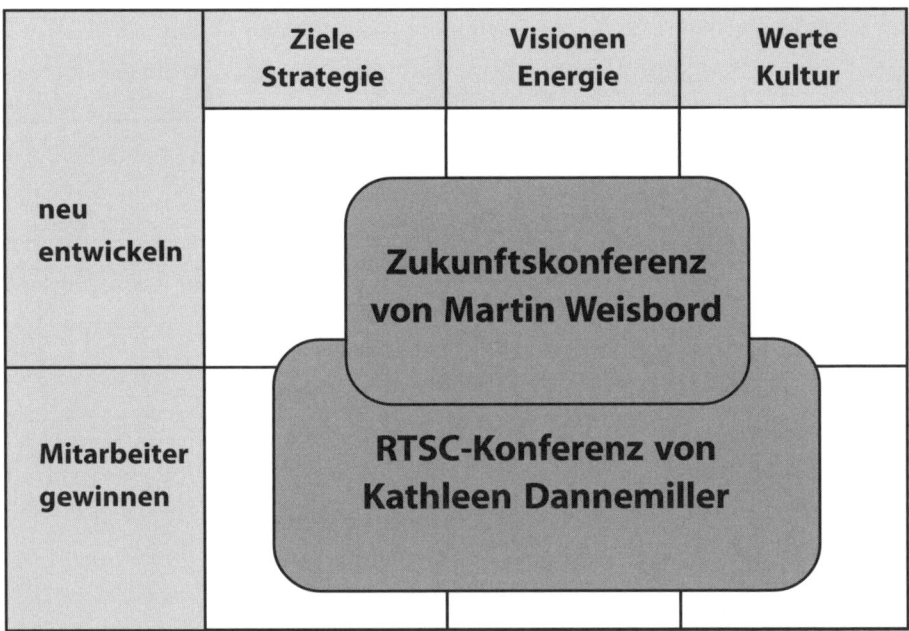

	Ziele Strategie	Visionen Energie	Werte Kultur
neu entwickeln		Zukunftskonferenz von Martin Weisbord	
Mitarbeiter gewinnen		RTSC-Konferenz von Kathleen Dannemiller	

Abbildung 3

■ Schließlich sollten – als „handfestes" Ziel – die Mitarbeiter dafür gewonnen werden, alle Abläufe zu verbessern, zu vereinfachen, zu dokumentieren und sich hinterher auch daran zu halten. Das wurde als wesentliche Voraussetzung für eine Verbesserung der Qualität, für die Zufriedenheit der Kunden sowie der Mitarbeiter gesehen. Und es sollte die Grundlage für eine spätere Zertifizierung bilden. Die REUM AG wollte hier mehr als die gerahmte Urkunde im Foyer. Das Unternehmen sollte sich in Bezug auf seine Abläufe wirklich von innen her erneuern.

Die Mischung aus Neugier, Erwartung, Skepsis und auch ein wenig Ängstlichkeit war den Gesichtern abzulesen, als die 80 Teilnehmer (von 250 Mitarbeitern) an einem Mittag in der Veranstaltungshalle der benachbarten Gemeinde eintrafen. Sie sollten zweieinhalb Tage hier zusammenarbeiten. Zehn Tische für je acht Personen waren vorbereitet, eine Max-mix-Sitzordnung auch. Die Unternehmerin begrüßte alle und stellte ihre Ziele und Hoffnungen für die Konferenz dar. Es folgten Erklärungen über den Ablauf und die Spielregeln.

Im Normalfall besteht der erste Arbeitsschritt einer solchen Konferenz aus etwas, das den Tischen ein rasches Kennenlernen und Zusammenwachsen ermöglicht. Hier musste anders vorgegangen und mit der *Sicht der Kunden* begonnen werden (siehe Abbildung 4). Denn zwei Einkäufer aus Automobilunternehmen hatten nur am frühen Nachmittag Zeit. Man startete also mit Vorträgen von drei Kunden. Diese legten dar, worauf es ihnen bei Lieferanten wie der REUM AG ankommt, womit sie zufrieden seien und wo Schwächen bestünden. Die Tische diskutierten anschließend über das Gehörte und überlegten sich Fragen. Etwa eine Dreiviertelstunde lang wurden diese von den Kunden beantwortet. Für viele war es ein erster und aufschlussreicher Kontakt mit Kunden.

Es folgte die *Sicht der Mitarbeiter*. Jeder schlug seine Konferenzmappe auf und machte sich Notizen auf einem Arbeitsblatt zu ein paar Fragen, die sich auf eines der zentralen Themen der Konferenz, die internen Abläufe und die interne Zusammenarbeit, bezogen. Dann tauschten sich die Teilnehmer an den Tischen über ihre Antworten aus. Anschließend sollten sie herausarbeiten, wo sie gleicher und wo sie unterschiedlicher Meinung waren. Sie entdeckten zuerst am Tisch und dann im Plenum das fast Unausweichlichste: Über alle Abteilungs- und Hierarchiegrenzen hinweg bestand viel Einigkeit über das, was nicht gut lief. Das war dann schon der zweite Schritt zu einem gemeinsamen Verständnis der Realität und zur Steigerung der Unzufriedenheit mit derselben.

Dazu trug auch die nachfolgende *Sicht der Unternehmerin* bei. Petra Reum-Mühling sagte in einem kurzen Vortrag unter anderem ganz offen, was sie in ihrem Unternehmen enttäuschte, frustrierte und ärgerte. Kein Applaus, Schweigen. Ein vorhergesehener Effekt.

Abgerundet wurde diese erste Runde des *Aufrüttelns* mit der *Sicht der Abteilungen*. Die Teilnehmer setzten sich für diesen Schritt um „Abteilungstische". Und als Abteilungen erarbeiteten sie, worauf sie stolz sind und was sie bedauern. Die Ergebnisse wurden am nächsten Morgen im Plenum präsentiert.

Ein Sketch von Mitarbeitern leitete *Unsere unausgesprochenen Verhaltensregeln* – eine Reflexion der Normen des Unternehmens – ein. Der Sketch traf kulturelle Schwächen, war ein Lacherfolg und trug dazu bei, heikle Themen besprechbar zu machen. Dann listeten die Tische die „geheimen Regeln" auf Flipcharts auf, sortierten sie nach hinderlichen und förderlichen, sichteten die Erkenntnisse der anderen Tische (durch Umhergehen) und formulierten schließlich jeweils vier neue Verhaltensregeln. Mittels „Punkte kleben" und einer Diskussion gelangte das Plenum zu sieben neuen Regeln für das ganze Unternehmen. „Wir fühlen uns verantwortlich für neue Kollegen", lautete eine davon.

1. Tag	2. Tag	3. Tag
1. **Die Sicht der Kunden**	5. **Unsere unausgesprochenen Spielregeln**	10. **Darstellung der überarb. Vision**
2. **Die Sicht der Mitarbeiter**	6. **Die Vision der GL**	11. **Austausch der Abteilungen**
3. **Die Sicht der Unternehmerin**	7. **Die Vision der Teilnehmer**	12. **Verbesserung unserer Abläufe**
4. **Die Sicht der Abteilungen**	8. **Tische kommentieren die Vision der GL**	13. **Kosequenzen für unsere Arbeit**
	9. **Überarbeitung der Vision**	

Abbildung 4

Zwei Anmerkungen:

1. Jeder kann sich vorstellen, wie schwer es ist, die Mitarbeiter für die Einhaltung solcher Regeln zu gewinnen. Wenn überhaupt, dann kann das aus meiner Sicht nur gelingen, wenn möglichst das ganze System sich auf einmal neue Regeln gibt. Jede kleinere Gruppe kehrt sonst in ein System zurück, für das die alten Regeln Norm sind.

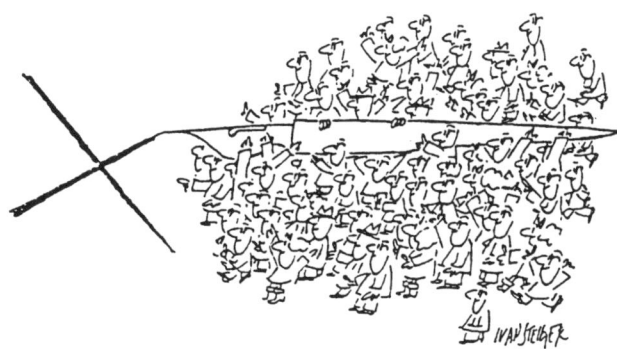

2. Dieser Schritt ist zwar oft der einzige in einer Konferenz, der die Unternehmenskultur direkt adressiert. Doch es ist die Art, wie die ganze Konferenz abläuft, die hinterher auf das Unternehmen „abfärbt". Dieser „Nebeneffekt"

könnte zwar immer noch stärker sein. Doch nach jeder Konferenz, die einen großen Teil der Mitarbeiter erfasst, ist das Unternehmen etwas anders als vorher. Teamarbeit wird mehr anerkannt und praktiziert, Grenzen werden leichter überschritten, Mitarbeiter gehen mehr aus sich heraus etc. Die festgelegten Regeln werden zwar nicht zu 100 % gelebt, doch eine Änderung zum Besseren tritt ein.

Waren die neuen Regeln schon ein Stück Zukunft, so wurden die Teilnehmer nun ins nächste Jahrtausend versetzt, als die Unternehmerin über ihre Vision sprach, so als ob sie schon wahr wäre. Die Sonnenblume war das Symbol ihres Traumes. Ihre bildhafte Sprache und der optimistische, idealistische und warme Tenor ihrer Vision erreichten die Zuhörer und erleichterten den Dialog über die Zukunft.

Die Tische hatten zwei Stunden Zeit, ihre Zukunftsvorstellungen zusammenzutragen und in fantasievollen Präsentationen umzusetzen. Die Stimmung stieg, fast allen machte es viel Spaß, sich Präsentationen auszudenken. Die Visionen wurden so dargestellt, als ob sie schon wahr seien. Die Zukunft wurde anschaulich und spürbar. Sie inspirierte die Anwesenden.

Wieder viel nüchterner war die letzte Aufgabe des zweiten Tages, nämlich den schriftlichen Visionsentwurf der Geschäftsleitung daraufhin zu überprüfen, ob er mit den Vorstellungen der Mitarbeiter übereinstimmte. Änderungswünsche wurden auf Flipcharts geschrieben und im Plenum mit Punkten bewertet. Die meisten gingen nach Hause, ein Delegierter jedes Tisches sowie die Geschäftsleitung blieben da, um gemeinsam den Visionsentwurf zu überarbeiten. Der Tenor änderte sich nicht, doch viele Einzelheiten. Das Ergebnis lag am nächsten Morgen als Kopie auf allen Tischen. Als die Unternehmerin es präsentierte, wurde deutlich, dass in kurzer Zeit eine Vision entstanden war, die von dem großen Teil der anwesenden Mitarbeiter getragen wurde.

Anmerkung: Nicht in jeder Konferenz wird eine Vision verabschiedet, doch immer irgendeine Art von Zukunft, seien es Ziele, Werte und/oder ein Programm.

Für den Schritt *Zusammenarbeit zwischen Abteilungen* saßen die Teilnehmer wieder in der abteilungsbezogenen Sitzordnung. Sie erarbeiteten Wünsche, die sie an andere Abteilungen hatten, um selbst besser arbeiten zu können. Die Wünsche wurden auf Formulare geschrieben und an die Pinnwände neben den Tischen der jeweiligen Abteilungen gehängt. Dann erarbeiteten die Abteilungen, wie sie auf die an sie gerichteten Wünsche reagieren wollten. Jede Abteilung einschließlich der Geschäftsleitung präsentierte. Jede erntete Applaus, gelegentlich klang ein „Zischen" mit durch. Das war das vereinbarte Signal dafür, dass eine Abteilung defensiv reagiert hatte. Es war wie immer eine machtvolle Übung dafür, die unsichtbaren Grenzen der Organisation zu überwinden und die „Kästchen" miteinander zu verknüpfen. Makro-Teamentwicklung sozusagen. Es wurde deutlich, dass jeder etwas tun wollte. Das Vertrauen in die gemeinsame Vision stieg.

Am späten Vormittag widmete man sich für mehrere Stunden dem großen Thema *Verbesserung unserer Abläufe*. Jeder der zehn (wieder Max-mix-)Tische erhielt ein Themenfeld, wie beispielsweise „Erstellung und Durchlauf eines Betriebsauftrages". Jeder malte ein Flussdiagramm des heutigen Ablaufs auf eine Pinnwand und schrieb auf ein Flipchart daneben die Schwächen dieses Ablaufs. Jeder Tisch entwarf dann einen neuen Ablauf, der bestimmte, in der Konferenzmappe festgehaltene, Anforderungen erfüllen sollte. Vor allem sollte jeder neue Ablauf einfach und klar sein. Auf einem Markt der neuen Abläufe erklärten je zwei Vertreter jedes Tisches interessierten Besuchern von anderen Tischen den neuen Ablauf und nahmen Anregungen entgegen. Die Tische setzten sich nochmals zusammen, integrierten die neuen Erkenntnisse und präsentierten im Plenum die Highlights ihrer Arbeit. Sie verabredeten einen Termin, um nach der Konferenz weiter an ihrem Thema zu arbeiten und das Ergebnis zu dokumentieren. Es muss wohl nicht erwähnt werden, dass fast alle Abläufe deutlich verbessert wurden. Die Arbeit der Umsetzung ist noch immer unvermindert im Gange.

Für den letzten Schritt der Konferenz fanden wieder die Abteilungen an den Tischen zusammen. Und als solche erarbeiteten sie, was sie als Konsequenz aus den Erkenntnissen der Konferenz an ihrer Arbeitsweise ab „Montagmorgen" ändern wollten.

Die Unternehmerin verabschiedete, Teilnehmer äußerten ihre Eindrücke. Und zum Abschluss wiederholten sie eine der Visionspräsentationen. Einer der Tische hatte ein Lied getextet. Die Gruppe trug es vor, alle anderen sangen den Refrain. Das Wochenende konnte beginnen.

Simultaneous Change

altes Paradigma	neues Paradigma
sequenzieller Wandel	simultaner Wandel
Teilsysteme in einem Raum	das ganze offene System (einschließlich Externen) in einem Raum
Arbeit an Einzelthemen	Arbeit am ganzen System (Vision, Ziele, Maßnahmen, Beziehungen, Werte, Normen)
oft problemorientiert	immer visionsgeleitet
Diagnose der Organisation durch wenige (Projektteams, Berater...)	Diagnose des Umfelds durch alle
Vision/langfristige Ziele (wenn vorhanden) nur von oben	Vision/langfristige Ziele offen für Beiträge von allen
langsamer Wandel	schneller Wandel

Abbildung 5

3. Ein neues Paradigma entsteht

Aus meiner Sicht sind Zukunfts- und RSTC-Konferenzen nicht einfach nur ein neues Instrument. Vielmehr stellt *simultaneous change* aus meiner Sicht ein neues Paradigma des Managements der Veränderung und Mobilisierung dar (siehe Abbildung 5). Es bedeutet, Organisationen nicht mehr sequenziell, sondern simultan zu verändern. Simultan, weil man gleichzeitig Visionen entwirft, Ziele vereinbart und die Implementierung in Gang setzt. Simultan, weil die Veränderungen in allen Teilen der Organisation gleichzeitig angeschoben werden. Simultan, weil man gleichzeitig an verschiedenen Elementen des Systems arbeitet: Zielen, Maßnahmen, Beziehungen, Werten, Normen.

Im alten Paradigma wird die Diagnose nur von wenigen durchgeführt. Das Innenleben des Unternehmens wird von Projektgruppen oder Beratern erforscht, das Umfeld wird vom Top-Management global und von den Funktionen nur in ihren jeweiligen Disziplinen (Marketing für die Kunden...) untersucht. In Zukunfts- und RTSC-Konferenzen dagegen diagnostizieren alle alles, was zum Thema der Konferenz gehört. Alle erarbeiten sich gleichzeitig einen gemeinsamen Informationsstand. Das jüngst viel beschworene *Empowerment* der Mitarbeiter kann aus meiner Sicht nur erreicht werden, wenn wir dafür sorgen, dass alle ein weitgehend gleiches Verständnis der Realität und der Ziele haben.

Im alten Paradigma beginnen wir den Wandel oft mit Problemen (die sich aus der Diagnose ergeben) und arbeiten in Besprechungen oder Workshops eine Liste dieser Probleme ab. Doch Probleme deprimieren. Und die Lösung des einen Problems kann andere hervorrufen. Im *Simultaneous-Change*-Paradigma gehen wir von einer Zielsetzung und oft auch von einer Vision der Zukunft aus, einer Vision, die stimuliert und Energien weckt.

Manchmal wird
Wandel innerhalb
von Minuten spürbar

Im alten Paradigma versuchen wir, die Veränderung in kleinen, kontrollierten Schritten zu erreichen. In Wirklichkeit besteht natürlich nur eine scheinbare Kontrolle, denn jeder Veränderungsprozess hat seine eigene Dynamik und gebiert seine eigenen Überraschungen. Im neuen Paradigma geben wir die Kontrolle im engen Sinne bewusst auf. Doch nur um die Kontrolle in einem weiteren und höheren Sinne wieder zu gewinnen. Wenn moderne Begriffe wie Chaos-Management, Selbstorganisation, fraktale Organisation, lernende und metalernende Organisation, visionär-ganzheitlich-evolutionär-transformative Führung etc. auf irgendetwas zutreffen, dann sicher auf eine Konferenz, bei der 100, 300 oder 600 Menschen im gleichen Raum arbeiten und sich selbst neu erfinden. Indem die Pole „Realität" und „Vision" im Bewusstsein der Teilnehmer lebendig gemacht werden, entsteht – sozusagen zwischen diesen Polen – ein Energiefeld, das die Teilnehmer auf unsichtbare Weise lenkt.

Im alten Paradigma braucht Wandel Zeit, eine unserer knappsten Resourcen. Im neuen Paradigma geht Wandel schnell. Manchmal wird er innerhalb von Minuten spürbar (wenn beispielsweise ein Kunde spricht). Innerhalb eines dreitägigen Zeitfensters wird eine weit reichende Veränderung initiiert. Darin scheint mit eine der größten Chancen des neuen Paradigmas zu liegen.

4. Konferenzen für viele Zwecke

Die Konferenzmodelle von Weisbord/Lippitt/Emery auf der einen und Kathleen Dannemiller auf der anderen Seite sind nicht grundverschieden, sondern auf unterschiedliche Zwecke (siehe Abbildung 3) ausgelegt. Manchmal kommen beide Modelle für eine Situation infrage. Dann lassen sich auch beide Modelle miteinander verbinden. In der Praxis werden Module aus beiden miteinander kombiniert. Die hier dargestellten Module sind auch bei weitem nicht vollzählig. Es gibt Varianten zu ihnen und es gibt viele weitere, und ständig werden neue erfunden. Module, die dem Aufrütteln dienen, können beispielsweise auch darin bestehen, dass man die Ergebnisse von Mitarbeiterbefragungen präsentieren und dann diskutieren lässt oder dass jeder Tisch sich in die Rolle eines Wettbewerbers versetzt und sich überlegt, wie er dem eigenen Unternehmen ein Geschäft wegnehmen könnte. Schließlich ist es denkbar, die hier dargestellten Konferenzmodelle mit anderen zu verbinden. Beispielsweise kann, nachdem durch eine Zukunfts- oder RTSC-Konferenz Einigkeit über gemeinsame Ziele hergestellt wurde, ein *Open Space* gemäß Harrison Owen eröffnet werden. Das ist ein fast völlig unstrukturierter (Zeit-)Raum, in dem alle Aktivitäten durch spontane Initiative und Führung, Freiwilligengruppen und freien Informationsfluss entstehen: Selbstorganisation in Reinstkultur.

Zukunfts- und RTSC-Konferenzen können auf viele Zwecke zugeschnitten sein. Beispielsweise werden Konferenzen durchgeführt, die in die rechte obere Ecke der Abbildung 3 passten, in denen es also darum ging, Visionen, Werte, Normen – eine neue Kultur – zu entwickeln. Zukunftskonferenzen können der Kick-off für eine detailliertere strategische Planung sein, bei der die Detailarbeit dann in einem oder mehreren kleinen Teams fortgesetzt wird, die ihre Ergebnisse wiederum in einer Folgekonferenz ihren Kollegen zur Diskussion stellen. Weiterhin können Zukunftskonferenzen dazu dienen, ein kaufendes und ein gekauftes Unternehmen zusammenzubringen, das Re-Engineering von Abläufen zu planen und zu implementieren, eine Krisensituation zu bewältigen, Gruppenarbeit einzuführen, TQM einzuführen oder zu revitalisieren, eine neue Art der Zusammenarbeit zwischen einem Unternehmen und seinen Lieferanten zu schaffen etc.

Zukunfts- und RTSC-Konferenzen sind meist Teil eines größeren Veränderungsprozesses. Auf eine Pilotkonferenz mit einem kopflastigen Querschnitt der Mitarbeiter (also primär Führungskräfte) können (und sollten oft) weitere Konferenzen mit einem basislastigen Querschnitt folgen, bis man alle 1.000 oder 10.000 Mitarbeiter erfasst hat. Diese haben meist ein verändertes Design und sind etwas kürzer als die erste. Und ein Teil der Teilnehmer aus der Pilotkonferenz ist bei jeder Folgekonferenz dabei. Dann muss an solche Konferenzen natürlich ein Follow-up anschließen. Es wird von allen Teilnehmern erwartet. Die Art des Follow-ups wird je nach Organisation und Thema höchst unterschiedlich sein. Manchmal sind es Folgekonferenzen einige Monate später mit gleicher Besetzung. Oft findet das Follow-up auch in kleineren Veranstaltungen in den einzelnen Ressorts statt. Manchmal ändert sich das Umfeld binnen eines Jahres wesentlich, und der gemeinsam erarbeitete Informationsstand ist plötzlich veraltet. Dann kann eine eintägige Konferenz zur Erneuerung der gemeinsamen Weltsicht angezeigt sein.

An Zukunftskonferenzen
müssen Follow-ups
anschließen

■ Stolpersteine

Die Stolpersteine bei der Durchführung von Zukunfts- und RTSC-Konferenzen sind zahlreich. Organisatorische Details wie eine unvollkommene Mikrophonanlage zählen ebenso dazu wie das mangelhafte Briefing für einen Redner.

Vergewissern Sie sich, dass die Führungsspitze die Veränderung wirklich will. Nur dann wird sie zu einer Investition, wie sie eine Zukunftskonferenz darstellt, bereit sein, doch das ist nicht immer der Fall. Es reicht nicht aus, dass nur der *eine* oberste Leiter die Veränderung anstrebt. Sein Team muss sie, zumindest mehrheitlich, wollen. Die Teilnehmer kennen natürlich ihre Pappenheimer und werden äußerst skeptisch sein, wenn bisher Ziele und Strategien zwar proklamiert, jedoch nie von der Führung konsequent durchgehalten wurden.

Die beste Vorsorge gegen Fehler besteht darin, die Zukunftskonferenz mit einem Planungsteam vorzubereiten, das neben den zwei Moderatoren/Beratern (bei sehr großen Konferenzen auch mehr) einige der vorgesehenen Teilnehmer enthält. Bei einer Zukunftskonferenz mit 70 Personen sollten es vier bis sechs sein, bei einer mit 200 zehn, darüber noch mehr. Das Planungsteam ist so zusammengesetzt, dass es einen Querschnitt der Teilnehmer der späteren Konferenz darstellt.

Die erste Aufgabe des Planungsteams besteht darin, sich genau über den Zweck der Konferenz, die gewünschten immateriellen und materiellen Ergebnisse, klarzuwerden und diese präzise schriftlich zu formulieren. Dann wird mit dem Planungsteam jeder einzelne Schritt durchdacht und daraufhin überprüft, ob er zielführend ist. Da das Planungsteam eine Miniaturversion der Konferenz darstellt, kann es die Wirkung der einzelnen Module gut beurteilen.

Aus meiner Sicht ist ein gut besetztes Planungsteam die beste Garantie dafür, dass am Ende das herauskommt, was man sich vorher erhofft hat. Dort, wo die Ergebnisse einer Zukunftskonferenz nicht befriedigend waren, hatte man sich entweder auf unzureichende Rahmenbedingungen (verfügbare Zeit, verfügbarer Raum, verfügbares Geld) eingelassen oder (manchmal auch aus Zeitgründen) ohne ein solches Planungsteam gearbeitet.

■ Ausblick
Wir stehen mit der Entwicklung der Methodik der Zukunftskonferenzen erst am Anfang, zumal im deutschsprachigen Raum. Man wird neue Module erfinden und neue Konferenztypen für neue Zwecke entwerfen, um den Wandel

zu beschleunigen. Die Grenze der möglichen Teilnehmerzahl wird weiter hinausgeschoben und Zukunftskonferenzen werden simultan an mehreren Standorten und auf mehreren Kontinenten abgehalten. Die Kommunikationstechnologie wird es möglich machen.

Zukunfts- und RTSC-Konferenzen sind eine der besten Möglichkeiten, um in einem Unternehmen wirklich ein *Gefühl von Gemeinschaft und Dringlichkeit* zu erzeugen und *eine* große Kraft entstehen zu lassen. Wenn alle verstehen, warum die Veränderung notwendig ist, dann ist die Veränderung kein Störfaktor mehr, der einen von der „eigentlichen" Arbeit abhält, sondern sie ist gleichzeitig ein wichtiger Teil derselben. Wenn alle gemeinsam das Warum und Wie der Veränderung erarbeiten, dann fühlt sich nicht mehr jeder für seinen kleinen Vorgarten verantwortlich, sondern *für das Ganze.*

Mit Zukunftskonferenzen kann man auch etwas aktivieren, was selten beachtet wird: die Lebensenergie oder den *spirit* der Mitarbeiter. Sie werden zum einen mit der Realität verbunden und dafür voll verantwortlich gemacht, zum zweiten mit ihren Visionen, Hoffnungen, Werten und Zielen und zum dritten mit der großen Gemeinschaft, in der sie arbeiten. Alles drei zusammen wirkt sehr inspirierend und energetisierend, zum Vorteil der Institution oder Unternehmung.

Mit freundlicher Genehmigung von Dr. Matthias zur Bonsen

5. Mit der Konferenzmethode „Open Space" zu neuen Ideen

Auf einer Tagung ohne Vorgaben lassen sich viele Mitarbeiter aktivieren, ihr Wissen zur Lösung heikler betrieblicher Probleme zu nutzen.

Es klingt eher nach einem Chaos-Rezept: Ohne vorgegebene Tagesordnung sollen sich bis zu 300 Mitarbeiter in einem Saal zusammensetzen und über maximal zweieinhalb Tage drängende Probleme des Unternehmens diskutieren? Was soll schon herauskommen außer Wirrwarr? Irrtum – bei Anwendung der „Open Space Technology" wird sich ein höchst fruchtbares Konferenzgeschehen entwickeln, bei dem innovative Durchbrüche eher die Regel als die Ausnahme sind. Open Space ist im angelsächsischen Raum sehr bekannt geworden und tritt nun den Siegeszug um die Welt an. Mit dieser einfachen und eleganten Konferenzmethode lassen sich Tagungsabläufe so gestalten, dass die Mitarbeiter mobilisiert und ganze Unternehmen verändert werden. Der Einsatz dieser Methode, so der Wunsch ihres Erfinders Harrison Owen, sollte künftig so selbstverständlich sein wie die doppelte Buchführung. Das Potenzial dazu hat sie.

Stellen Sie sich den Tagungsraum eines Hotels vor, 400 Quadratmeter groß, ziemlich hoch und mit Tageslicht von zwei Seiten. 110 Stühle sind zu sehen, angeordnet zu einem einzigen großen Kreis. Tische gibt es keine. Zur Konferenz eingeladen hat ein Chemieunternehmen. Als die über 100 Mitarbeiter, die alle freiwillig kommen, am frühen Morgen nach und nach eintreffen, finden sie das Arrangement zunächst höchst befremdlich.

Obwohl die Konferenz zweieinhalb Tage dauern soll, gibt es vorab keine Tagesordnung, sind keine Redner bestimmt und keine Aufgaben schriftlich festgelegt – es gibt nichts außer *Open Space*, also einen für das weitere Geschehen offenen Raum.

Als Erstes begrüßt der Firmenchef die Teilnehmer und erläutert ihnen die Dramatik der Lage. Der Hauptkunde – bislang nahm er 40 Prozent der Produktion ab – sei kürzlich von einem seiner schärfsten Mitbewerber, einem koreanischen Unternehmen, aufgekauft worden. Zudem habe eben dieser wichtige Kunde gerade Grund gefunden, die Qualität zu beanstanden. Und damit nicht genug, seien die Preise im Markt um durchschnittlich 20 Prozent gefallen.

Nachdem dieses Szenario noch um einige weitere schlechte Nachrichten vervollständigt ist, steht für den Chef fest: Ausruhen kommt nicht länger infrage, eine neue, umfassende Anstrengung wird fällig. Vor allem gelte es, Produktivität, Qualität und Kundenservice zu verbessern – und das möglichst schnell. Um zu klären, was getan werden könne, habe er zu dieser Konferenz eingeladen.

An dieser Stelle meldet sich der Moderator des Treffens zu Wort, ein erfahrener externer Berater. Er tritt in die Mitte des Kreises und erläutert das weitere Vorgehen (siehe Abbildung 6). Zunächst sei eine Tagesordnung zu bestimmen. Hervorgehen werde sie aus den Anregungen, die von den Anwesenden auf einer etwa 15 Meter langen Wand zusammenzutragen seien. Noch ist diese Wand völlig leer und weist lediglich eine Einteilung in sieben Abschnitte auf: Der Abschnitt ganz links ist mit Montag, 10.00 – 12.00 Uhr überschrieben, der ganz rechts mit Dienstag, 16.00 – 18.00 Uhr. Der Zwischenraum ist für andere Zweistundenabschnitte vorgesehen.

Der Moderator fordert die Anwesenden auf, sich ein Thema zu überlegen, das zum Generalthema der Konferenz passt. Auf sein Zeichen hin solle jeder, der ein Thema hat, in die Mitte des Kreises kommen, das Mikrofon ergreifen, seinen Namen und sein Thema nennen, es auf einem großen Blatt Papier notieren und das Blatt an die Wand heften. Niemand solle aber ein Thema zur Sprache bringen, bei dem er meine, irgendein anderer müsse dazu irgend etwas tun. Vielmehr solle jeder nur ein Thema nennen, das ihm wichtig erscheine, zu dem er selbst unbedingt etwas in Bewegung bringen und die Verantwortung dafür selbst übernehmen wolle. Wer ein Thema nenne, werde später Gelegenheit haben, die Sache mit einer Gruppe Freiwilliger etwa zwei Stunden lang zu bearbeiten.

Der Moderator spricht etwa eine Viertelstunde. Ein nicht geringer Teil der Zuhörer bekommt das Gefühl, an seiner eigenen Beerdigung „live" teilzunehmen. Kann ein solcher Ablauf überhaupt funktionieren? Wie viele werden denn schon mutig genug sein, vor dieser Hundertschar Kollegen aufzustehen, um „ihr" Thema über das Mikrofon zu verkünden? Doch nachdem das Startzeichen gegeben und die Anspannung am höchsten ist, setzt sich einer nach dem anderen in Bewegung.

Mit der Zeit haben knapp 40 Teilnehmer der Konferenz 48 Themen genannt und zu Papier gebracht. So ist eine Stunde nach Konferenzbeginn die 15 Meter lange Wand – das so genannte Anschlagbrett – mit Blättern übersät. Es ist etwas zustande gekommen, woran die meisten einen Moment lang nicht glauben konnten.

Im nächsten Zug wird der Marktplatz eröffnet: Alle schlendern zum Anschlagbrett und tragen sich bei den Themen ein, an denen sie mitarbeiten wollen. In jedem der vorgesehenen zweistündigen Zeitabschnitte stehen jeweils sechs bis acht Themen zur Wahl. Jeder Konferenzteilnehmer schreibt seinen Namen zu den Themen, bei denen er mitmachen will. Im einen oder anderen Fall muss die Bearbeitung eines Themas auf eine andere Zeit verlegt werden, damit auch jeder, der will, mitmachen kann. Damit liegt die Agenda fest, und die eigentliche Arbeit kann losgehen. In den folgenden zwei Tagen werden ungefähr 50 Mini-Workshops stattfinden.

5.1 Ein revolutionäres Konferenzmodell

Der so beschriebene Konferenzablauf ist als *Open Space Technology* in den USA bekannt geworden. Etwas hochtrabend könnte er als die „Technologie des offenen oder allen zugänglichen Raums" bezeichnet werden. Die Methode wurde von Harrison Owen vor etwa 12 Jahren entwickelt und in den folgenden Jahren erprobt. Sie findet derzeit über den ganzen Erdball rasante Verbreitung.

Mithilfe dieser Methode wird es möglich, komplexe Themen durch viele Menschen bearbeiten zu lassen, auf einen Schlag viele Menschen zu aktivieren und deren Intelligenz und Wissen zur Lösung schwieriger Aufgaben zu nutzen. Anwendbar ist sie von 10 Personen aufwärts, bis zu maximal 750 Personen. In jedem Fall sitzen die Beteiligten am Anfang in einem großen Kreis beisammen, bei hohen Teilnehmerzahlen in mehreren konzentrischen Kreisen. Stets wird den Open-Space-Konferenzen zunächst nur ein Generalthema vorgegeben – darüber hinaus nichts. Diese Richtungsvorgabe erfolgt durch die Führungsspitze des Unternehmens. Sie setzt einen Rahmen und erzeugt einen Sog, damit die Konferenzteilnehmer den Rahmen selbst ausfüllen.

Bei dem Generalthema muss es sich um etwas handeln, das den Beteiligten wichtig ist, wie zum Beispiel die Zukunft des eigenen Unternehmens. Das Thema muss breit genug sein, damit für Ideen und Kreativität genügend Spielraum bleibt. Sicher ist die Unternehmenszukunft das breitest denkbare Thema, doch für Open Space kommen auch engere Aufgabenstellungen infrage, solange sie den Konferenzteilnehmern nur Spielraum zur Entfaltung lassen.

Ein solches engeres Thema kann ebenso „mehr Servicequalität" sein wie die Frage der Nutzung von Synergien zwischen Geschäftsbereich A und Geschäftsbereich B. Das Thema muss nur als wichtig, breit genug, komplex und möglichst dringend gelten. Und kann es durch keinen Einzelnen gelöst werden, sondern nur, wenn viele in Bewegung kommen müssen, so ist es geeignet für Open Space.

Bleibt zu fragen, ob die Führungsspitze des Unternehmens als Veranstalter taugt. Sieht sie sich imstande, den erforderlichen Spielraum zu lassen? Kann sie ihren Mitarbeitern vertrauen? Wird sie sich offen zeigen für die vielen neuen Ideen und Energien, die eine richtig durchgeführte Open-Space-Konferenz erzeugt? Wird den Mitarbeitern hinterher der Freiraum gewährt, die positiven Konferenzergebnisse umzusetzen? Oder will die Unternehmensleitung anschließend doch nur wieder *Mikromanagement* betreiben und sich in alles einmischen? In diesem Falle wäre sie für Open Space nicht geeignet.

Doch warum eigentlich sollte die Spitze den Mitarbeitern vertrauen? Kann sie denn sicher sein, dass der offene Raum mit sinnvollen Themen gefüllt wird? Die Antwort hat mit der immensen Hürde zu tun, die die Konferenzteilnehmer überspringen müssen, wenn sie ein bestimmtes Thema auf die Tagesordnung bringen wollen. Nicht jeder findet den Mut, sich vor 50 oder 300 Kollegen am Mikrofon zu exponieren. Das ist auch gut so.

Zu einer Open-Space-Konferenz sollten sich in der Tat nur jene einfinden, die „ihr" Thema leidenschaftlich beschäftigt, die wirklich etwas voranbringen wollen und denen ihr Anliegen so wichtig, ist, dass sie auch nicht die Aussicht abschreckt, in die Mitte eines oft riesengroßen Teilnehmerkreises treten zu müssen. Die Energieträger sind gefordert und werden gesucht, Themen-Champions, in denen – ungeachtet ihrer Position und Funktion im Unternehmen – das Feuer für eine Sache brennt.

Und genau die melden sich auch und bringen gute Themen auf. Da kommen Abteilungsleiter, Meister, Schichtleiter, Werker, Sekretärinnen, Geschäftsführer, Sachbearbeiter. Viele von ihnen sind selbst erstaunt über ihren Mut, und sie wachsen über sich hinaus. Das Ergebnis ist dann eine Tagesordnung, die reflektiert, was den Energieträgern des Unternehmens, im Rahmen des Generalthemas der Konferenz, besonders am Herzen liegt (siehe Abbildung 7).

5.2 Die Konferenz, die lebt

Steht die Tagesordnung fest, wird in Dutzenden von kleinen Workshops die Arbeit aufgenommen; in manchen Fällen sind es weit über 100.

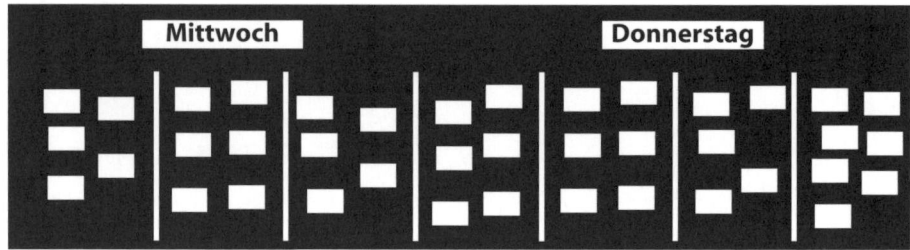

Abbildung 6: Anschlagbrett und Kreis, zwei zentrale Elemente von Open Space

Mal sitzen sieben Personen beisammen, mal zwölf, mal zwanzig. Die Gruppen nutzen entweder kleinere Räume für sich allein, den Plenumssaal, das Hotelfoyer oder den Garten. Manche Workshops sind nach einer Stunde zu Ende, andere schöpfen die angesetzten zwei Stunden voll aus, wieder andere brauchen sogar noch mehr Zeit. Und es gibt Gruppen, die ihr Thema erweitern oder verändern, eine neue Runde am zweiten Tag starten und dafür neue Teilnehmer werben.

In den meisten Gruppen moderiert derjenige, der das Thema initiiert hat. Zuweilen überlässt er die Moderationsrolle jemand anderem, gelegentlich taucht aus der Gruppe eine zweite Führungspersönlichkeit auf, die von dem Thema begeistert ist und die Stafette vom Initiator übernimmt. Alles vollzieht sich freiwillig, alles ist möglich. Jeder arbeitet genau dort mit, wo er es wünscht. Stellt jemand fest, dass er in der ursprünglich von ihm gewählten Gruppe nichts beitragen oder nichts hinzulernen kann, ist es ihm erlaubt, in eine andere Gruppe zu wechseln. Diese Regelung wird das *Gesetz der zwei Füße* genannt. Jeder arbeitet im Lauf von zwei Tagen in sieben oder mehr Gruppen mit, die sich jedes Mal anders zusammensetzen. Jeder kann unzählige neue Beziehungen anknüpfen oder alte vertiefen.

Lebendigkeit ist das Wort, das dieses Stadium der Konferenz am besten beschreibt. Bei allen Beteiligten ist deutlich die Freude zu spüren, an Themen mitzuarbeiten, die sie interessieren. Beobachter können verfolgen, wie konzentriert gearbeitet, zugehört und diskutiert wird. Und zugleich scheint alles mit einer spielerischen Leichtigkeit abzulaufen.

Doch wie werden diese ungezählten Diskussionen wieder zusammengeführt? Geht aus der gesamten Konferenz ein gemeinsames Ergebnis hervor?

Anders als vielleicht zu erwarten, gibt es eine solche Zusammenfassung gerade nicht: Es kommt zu keinen Präsentationen der Gruppenergebnisse im Plenum. Es wäre auch wahrscheinlich nicht praktikabel, 50 oder gar 100 Gruppen präsentieren zu lassen, was bei ihren Diskussionen herausgekommen ist. Stattdessen schreiben alle Themen-Initiatoren – meist zusammen mit ein oder zwei Kollegen – noch während der Konferenz einen Bericht, der auf ein bis drei Seiten die Resultate ihres Workshops enthält. Zu diesem Zweck wird oft eine ganze Batterie von PCs oder Notebooks im Plenumsraum aufgestellt. Am Ende des zweiten Tages sind alle Berichte abgeschlossen. Sie werden nachts für jeden Teilnehmer fotokopiert und in einer Mappe gebündelt.

5.3 Der besondere dritte Tag

Über zwei Tage wird bei Open Space *Divergenz* erzeugt – es gibt viele Themen und viele Gruppen. Das ist keineswegs unnütz, im Gegenteil. Doch der dritte Tag – genau besehen nur ein Vormittag – steht im Zeichen von *Konvergenz*. An diesem Tag (der nicht in jedem Fall stattfinden muss, siehe Kasten) werden die zentralen Themen und Aktionsziele herausgeschält.

Wenn die Konferenzteilnehmer am Morgen dieses dritten Tages zusammenkommen, liegen in der Mitte des großen Kreises die Mappen mit allen Berichten. Der Moderator teilt sie nicht aus. Sie liegen nur einfach da, bis irgendjemand sie entdeckt. Dann verteilen einige Teilnehmer ihr gemeinsames Konferenzergebnis im Nu an ihre Kollegen – und die Symbolik stimmt. Was nun folgt, bedarf keiner Anleitung.

Die Teilnehmer beginnen zu lesen, und das hält manchmal eine Stunde an und manchmal sogar länger. Dabei werden alle nur gebeten, darauf zu achten, welche der Ergebnisse aus eigener Sicht die wichtigsten sind. Die Nummern der entsprechenden Berichte respektive Workshops sollen dazu notiert werden. Ist die Lesephase abgeschlossen, werden gemeinsam Prioritäten gesetzt. Ist die Zahl der Teilnehmer nicht allzu hoch, kann „gepunktet" werden. Bei über 200 Personen bedarf es einer elektronischen Lösung. In beiden Fällen ergibt sich jedoch eine Liste der Topten, also der zehn herausragenden, wichtigsten Berichte. Dabei geht es nicht darum, die Gruppenergebnisse zu ermitteln, die nicht weiter beachtet werden sollten. Doch auf die zehn Topresultate sollten die verfügbaren Ressourcen vordringlich verwandt werden.

Als Nächstes werden im Plenum zehn Flipcharts aufgestellt. Auf ihnen werden die zehn Topten-Themen verzeichnet, während sich die jeweiligen Initiatoren dazugesellen. Alle übrigen Teilnehmer machen die Runde und äußern zusätzliche Anregungen. Anschließend setzen sich die Freiwilligengruppen, die diese Topten-Themen entwickelt haben, noch einmal zusammen. Doch in diesem Stadium sollen nur noch diejenigen teilnehmen, die definitiv gewillt sind, das betreffende Thema auch nach der Konferenz mit der Gruppe weiterzubearbeiten.

Die zehn wichtigsten Gruppen treffen kurz Verabredungen für ihr weiteres Vorgehen. Und diese Gruppen werden – als ein Akt symbolischer Bestärkung – fotografiert. Danach wird die Konferenz mit einer abschließenden Reflexion unter der Beteiligung aller Teilnehmer beendet.

5.4   Was bringt die Open-Space-Methode?

Auf der sachlich-materiellen Ebene fördert sie zahlreiche Ideen zutage, welche Maßnahmen ergriffen werden sollten. Und sie fördert die Motivation von Gruppen, diese Maßnahmen tatsächlich umzusetzen. Einige Beispiele:

■ Bei einem LKW-Hersteller meldete sich während einer Open-Space-Konferenz ein Manager aus dem Einkauf zu Wort und formulierte sein Thema etwa so: „Vom Vorstand wurde uns jetzt vorgeschrieben, künftig 35 Prozent im Ausland einzukaufen. Aber niemand hat uns näher erläutert, was das für die Logistik, die Qualitätssicherung und die Produktion bedeutet. Ich möchte an diesem Problem mit einer Gruppe arbeiten." Die Gruppe, die sich daraufhin bildete, traf sich auch ein Jahr später noch regelmäßig, um „Global Sourcing" zur Wirklichkeit zu machen.

Ablauf einer Open-Space-Konferenz

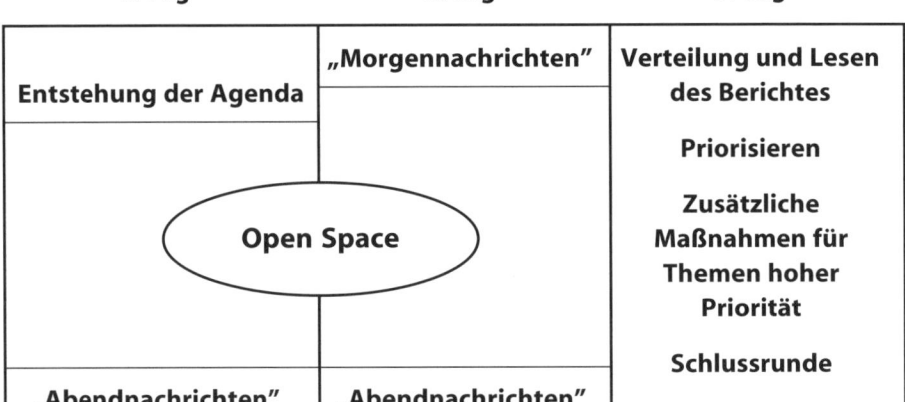

1. Tag	2. Tag	3. Tag
Entstehung der Agenda	„Morgennachrichten"	Verteilung und Lesen des Berichtes
		Priorisieren
Open Space		Zusätzliche Maßnahmen für Themen hoher Priorität
		Schlussrunde
„Abendnachrichten"	„Abendnachrichten"	

Abbildung 7

■ Eine kleine Privatbank mit etwa 300 Mitarbeitern führte eine Open-Space-Konferenz durch, um alle Mitarbeiter auf mehr Kundenorientierung einzuschwören. Die Konferenz fand an einem 10. und 11. November statt, wobei 80 Mitarbeiter teilnahmen. Am 26. November, dem Freitag vor dem 1. Advent, ging es dann durch die gesamte lokale Presse, und sogar die ferne „Frankfurter Allgemeine Zeitung" nahm es zur Kenntnis: Diese Bank wird in der Adventszeit samstags geöffnet sein, und das habe man auf einer Mitarbeitertagung beschlossen. Auf Nachfrage erzählte der Personalleiter, er sei unmittelbar nach der Konferenz in Urlaub gefahren und gerade erst zurückgekommen. Nun sei er erstaunt, wie schnell diese neue Regelung – ganz ohne sein Zutun – über die Bühne gegangen wäre.

■ Bei der Konferenz des eingangs erwähnten Chemieunternehmens widmete sich eine Gruppe der Frage, ob die Forschungs- und Entwicklungsbereiche des amerikanischen und des deutschen Werkes nicht mit einer einzigen Versuchsanlage auskommen könnten. Die Gruppe kam zu dem Schluss, das nicht zu empfehlen, denn ihre Sorge war zu groß, dann werde – je nachdem – das eine oder andere Werk nicht mehr genug Zugriff auf diese eine Anlage haben. Doch die Idee stand im Raum, und die Geschäftsleitung versprach, jederzeit Atlantikflüge zu genehmigen. So wurde die Anlage in Deutschland stillgelegt, was ein Dutzend Mitarbeiter und reichlich Sachkosten einsparen half.

■ Als die TÜV von zwei deutschen Bundesländern fusionierten, wurde 14 Tage nach der Verschmelzung ein Open Space mit 85 Führungskräften durchgeführt. Sie initiierten etwa 40 Workshops zu allen anstehenden Themen: einer gemeinsamen Betreuung von Schlüsselkunden, einem gemeinsamen Vertriebsinformationssystem, einem Abgleich der Hard- und Software, der Organisation der zentralen Stäbe, dem neuen Vergütungssystem, Job Rotation und vielem anderen. Nach einhelliger Meinung der Konferenzteilnehmer hätte der Zusammenschluss nicht effizienter beginnen können.

Nicht alle Maßnahmen, die bei Open-Space-Konferenzen erarbeitet werden, fallen so weitreichend aus wie in den geschilderten Fällen. Aber dass solche Konferenzen innovative Durchbrüche erzeugen, ist mehr die Regel als die Ausnahme. Oft werden manche Ergebnisse kaum bemerkt. Da sagt jemand in einer Gruppe vielleicht: „Ich habe das und das Problem", und ein anderer versichert ihm darauf: „Ich kann es für dich lösen." Was tatsächlich herauskommt, steht womöglich nie in einem schriftlichen Bericht. Gleichwohl kann es möglicherweise etwas sehr Wichtiges sein.

Die immateriellen Ergebnisse einer Open-Space-Konferenz sind von mindestens ebenso großer Bedeutung wie die materiellen. Eine derartige Konferenz wirkt enorm gemeinschaftsstiftend, selbst dort, wo zunächst Vorurteile, Animositäten und Konflikte vorherrschen.

Bei einem Dieselmotorhersteller zum Beispiel war das der Fall. Das Unternehmen betreibt Werke in mehreren europäischen Ländern, die im Laufe der Jahre zugekauft wurden. Die Ausländer fühlten sich als Opfer einer feindlichen Übernahme durch die Deutschen, diese hielten wiederum ihre ausländischen Kollegen für unkooperativ.

Während der Konferenz entdeckten alle mit Erstaunen, wie ähnlich sie denken und wie sich die Schwerpunkte ähneln, die sie für die Zukunft setzen. Einige Beteiligte äußerten, dass sie jetzt erstmals die Hoffnung hätten, zu einem Unternehmen zusammenzuwachsen und die Probleme gemeinsam anzugehen. Das neue Gefühl, eine große Gemeinschaft mit gemeinsamen Zielen zu sein, setzt Energie frei. Und vielleicht ist Energie überhaupt *das* Schlüsselwort für Open Space, die „Technologie des offenen Raums". Eine solche Konferenz wirk revitalisierend und weckt den *Spirit* einer Organisation. Das lässt sich an der Haltung und an den Gesichtern der Menschen ablesen. Es ist einfach körperlich zu spüren. Die Open-Space-Konferenz stellt ein Gipfelerlebnis, eine Energiespritze dar, die so zwar sicher nicht im Berufsalltag erhalten bleibt, aber nachhaltige Auswirkungen zeigt.

Open-Space-Konferenzen prägen die Kultur des Unternehmens. Wie durch kaum eine andere Methode lässt sich die Mentalität einer großen Zahl von Mitarbeitern so rasch beeinflussen. Der offene Raum vermittelt eine starke Botschaft: Bei uns zählen Initiative und Mut. In diesem Unternehmen ist es normal, in hierarchie- und funktionsübergreifenden Gruppen zusammenzuarbeiten. Hier gibt es Freiräume zum Handeln. Hier darf, ja muss jeder aus der Deckung kommen. Hier wird Unternehmertum im Unternehmen gewünscht und belohnt.

Wer öfter Open-Space-Konferenzen erlebt, wird beobachten können, wie diese Botschaften sich dem Bewusstsein der Mitarbeiter einprägen. Im Grunde ist eine solche Konferenz nur Vorlauf und Übungsfeld für die Open-Space-Organisation, in der es zum Alltag gehört, dass Einzelne initiativ werden, über Hierarchie- und Funktionsgrenzen hinweg eine passende Gruppe zusammenstellen, Pläne ausarbeiten und umsetzen – mit dem Ergebnis eines pulsierenden, lebendigen Unternehmens, das Freiräume bereithält für innovatives Handeln.

5.5 Was kommt nach der Konferenz?

Die Gruppen, die sich während der Konferenz gebildet haben, dürfen und sollen die Themen umsetzen. Und das tun sie auch. Sicher nicht jede Gruppe in gleichem Maße, doch das Gros setzt viel in Bewegung. Manche Gruppen treffen sich noch zweimal, andere noch zwei Jahre lang. Das Management sollte, wo erforderlich, Unterstützung leisten, Ressourcen verfügbar machen und die Entscheidungen treffen, die zur Umsetzung gebraucht werden.

Doch eines darf ein kluges Management nicht tun: einer Gruppe ein Thema wegnehmen, das diese Gruppe ursprünglich aufgebracht hat – und es dem „eher zuständigen" Linien- oder Projektverantwortlichen zuweisen. Vielmehr kommt es darauf an, die Initiative der Gruppe zu würdigen und ihr die Möglichkeit zur Umsetzung zu geben. Sollte es indes einmal nötig sein, wegen des Umfangs der Maßnahme ein formelles Projekt anzusetzen, so sind bei der Besetzung des Teams die Mitglieder der ursprünglichen Gruppe zu berücksichtigen.

Es hat sich bewährt, nach ein paar Wochen noch einmal alle Initiatoren von Gruppen und die Geschäftsleitung zusammenzuholen. Jeder präsentiert dann kurz, wie er bisher vorangekommen ist und wo es noch klemmt. Dabei lernen die Initiatoren, was ihre Kollegen tun, und die Geschäftsleitung lernt, wo es noch an Unterstützung fehlt. Eventuell stellt sich heraus, dass die Ergebnisse der einen oder anderen Gruppe die Voraussetzung für das Weiterarbeiten der anderen sind. Dann wird eben beschlossen, deren Arbeit durch extern abgehaltene Workshops zu beschleunigen.

Vielleicht wird auch deutlich, dass das Thema einer anderen Gruppe zu komplex war, sodass in den zwei Stunden während der Konferenz auch nicht ansatzweise Ergebnisse möglich waren und ein eigener Prozess nötig wird, möglicherweise ein kleinerer Open Space.

Großunternehmen richten zuweilen für ihre wichtigsten Gruppen Homepages auf dem Intranet ein. An diesen elektronischen Schaufenstern wird dann darüber informiert, wie es um die Umsetzungsfortschritte bei dem jeweiligen Thema steht. Oder sie enthalten ein Diskussionsforum. Dann steht es Tausenden von Mitarbeitern offen, sich zu einem zentralen strategischen Thema zu äußern. Die besonders Interessierten nutzen diese Chance zur Mitwirkung – Open Cyberspace.

Unternehmen, die noch mehr tun wollen, um die Umsetzung von Konferenzergebnissen zu sichern, eröffnen den Topten-Gruppen die Möglichkeit, bei der nächsten Open-Space-Konferenz zu Beginn zu präsentieren: Was hatten wir uns vorgenommen, was haben wir tatsächlich getan? Dadurch wird jener oft beschworene Druck durch gleichrangige Kollegen erzeugt. Was die Betreffenden einmal in einer Konferenz versprochen haben, wollen sie nun auch halten, um sich keine Blößen zu geben.

Und tatsächlich ist der beste Nachklapp für eine Open-Space-Konferenz eine weitere Konferenz. Das soll freilich nicht an all jene zahllosen Programme und Kampagnen erinnern, die in den vergangenen Jahren Mode waren und die nur durchgehalten werden konnten, weil sie gewissermaßen an die eiserne Lunge gehängt und zwangsbeatmet wurden, in Form immer neuer Energie- und Mittelzuführungen.

Stattdessen kommt der Wunsch nach einer zweiten Open-Space-Konferenz von innen, nämlich von den Teilnehmern der ersten. Sie wollen – fast immer – auch weiter mit dieser Methode arbeiten. Da bleibt nichts weiter zu tun, als dem Wunsch zu entsprechen und den Raum für Ideen und Initiativen erneut zu öffnen: to open up space.

Meist spüren es die Teilnehmer völlig unbewusst, wenn ihr Unternehmen auch ein Ritual braucht, eine Zusammenkunft eben, die die Energie auffrischt und den Gemeinschaftsgeist erneuert. Und die zugleich das Geschäft nach vorne bringt. Open Space ist ein solches Ritual, das sich wiederholen lässt.

5.6   Gefahren des Open Space?

Was birgt schon keinerlei Gefahr in sich? Bei Open Space besteht die größte darin, dass sich die Unternehmensführung auf dieses Vorgehen einlässt, aber anschließend nicht den Spielraum zur Umsetzung der gefundenen Ideen oder Maßnahmen gibt beziehungsweise nicht die dazu erforderlichen Ressourcen bereitstellt. In einem solchen Fall hat Open Space dann nicht nur nichts gebracht, es hat sogar etwas zerstört: das Vertrauen der Mitarbeiter in die Führung.

Skeptiker geben oft zu bedenken: Wird im Laufe einer Open-Space-Konferenz in den hierarchieübergreifenden Gruppen offen geredet? Schweigen die Mitarbeiter bei heiklen Themen nicht eher ängstlich? Oder nimmt das Gejammer über eine schwierige Problemlage nicht eher überhand? Sicher läuft nicht alles perfekt. Die Offenheit ist nicht grenzenlos, und es wird immer wieder einmal gejammert. Die Erfahrung zeigt jedoch, dass trotzdem sehr produktive und zukunftsgerichtete Dialoge zustande kommen. Gerade in einem Unternehmen, in dem es viele schmerzliche Dinge gibt, kann es gut sein, wenn der erste Tag einer Open-Space-Konferenz dazu genutzt wird, den Schmerz spüren zu lassen. Das ist legitime Trauerarbeit, die zur Katharsis werden kann. Am zweiten Tag jedoch ist diese Welle erfahrungsgemäß vorüber, und die Möglichkeiten zu konstruktivem Handeln rücken in den Vordergrund.

Open Space steht für ein neues Paradigma der Führung: Richtung vorgeben, Rahmen setzen, Raum gewähren, Mitarbeitern vertrauen, auch Chaos erlauben und „*Order out of chaos*" (so ein Buchtitel des Nobelpreisträgers Ilya Prigogine) zulassen: high learning, high play, high spirit, high results.

Ein letztes Beispiel stammt von den Olympischen Spielen 1996 in Atlanta, genauer von dessen Einrichtung eines *Global Village*. Es handelte sich um ein Gelände, auf dem Firmen die Möglichkeit geboten wurde, sich der Welt in eigenen Pavillons zu präsentieren. Auch AT&T war dabei und bekam zunächst einen Standort am Rande des Geländes zugewiesen; pro Tag wurde mit 5.000 Besuchern gerechnet. Doch das von AT&T vorgelegte Konzept gefiel dem Olympischen Komitee so gut, dass es dem Unternehmen einen besseren Standort im Zentrum des Parks anbot – für geschätzte 75.000 Tagesbesucher. Allerdings erschien das alte Konzept, an dem über ein Jahr gefeilt worden war, an dem neuen Standort nicht mehr passend. Was tun? Bis zur Eröffnung der Spiele blieben nur noch wenige Monate Zeit, und mit dem früheren Vorgehen würde ein neues Konzept nicht mehr rechtzeitig fertig werden. Harrison Owen wurde gerufen und moderierte eine Open-Space-Konferenz mit den 23 Planern des Pavillons. Im Ergebnis brachte diese Gruppe schon nach zwei Tagen ein neues Konzept für die Pavillongestaltung zustande. Lehre: Open Space öffnet den Raum für unerwartete Durchbrüche.

5.7 Die Dauer von Open Space – ein, zwei oder zweieinhalb Tage?

Die ideale Länge für eine Open-Space-Konferenz beträgt zweieinhalb Tage. Sollten nur ein oder zwei Tage zur Verfügung stehen, ist mit mehr oder weniger eingeschränkten Ergebnissen zu rechnen. Gleichwohl können auch diese sehr wertvoll sein. Bei zwei Tagen Open Space ist es nicht mehr möglich, die Ergebnisse gemeinsam zu gewichten. Der Konferenzbericht wird dann nicht mehr rechtzeitig zum Verteilen fertig und muss anschließend verschickt werden. Bei nur einem Tag Open Space können keine schriftlichen Zusammenfassungen geschrieben werden, oder sie kommen lediglich in eingeschränkter Qualität zustande. Dennoch ist auch in diesem verkürzten Zeitraum ein intensiver Austausch und Lernprozess möglich, von dem im Weiteren viele neue Initiativen angestoßen werden.

Quelle: Dr. Matthias zur Bonsen

Der Autor

Peter Josef Senner

Kunden-Coaching – Die neue Art des Verkaufens in Marktketten

Peter Senner ist Management-Trainer und Geschäftsführer des bundesweit organisierten Trainer-Netzwerks Coaching Concepts.

Als Entwickler des Kunden-Coaching setzt der Autor mehrerer Fachbücher sein Konzept für die „Neue Art des Verkaufens in Marktketten" bei namhaften Unternehmen erfolgreich in der Praxis um. Hersteller, Großhandel und Handwerk bzw. Handel werden dabei in umfassende Verkaufsförderungsprogramme integriert.

Kunden-Coaching – Die Neue Art des Verkaufens in Marktketten

„Verkaufen heißt, dem Kunden zum Erfolg zu verhelfen!" – Dies ist Peter Senners zentrale Definition für Kunden-Coaching als Neue Art des Verkaufens. Der Begriff „Marktkette" skizziert dabei den Vertriebsweg eines Produkts als zusammenhängende Kette von dessen Hersteller über Großhandel und Handwerk/Handel bis zum Endbenutzer bzw. Verbraucher.

Der Absatzweg in der
Marktkette

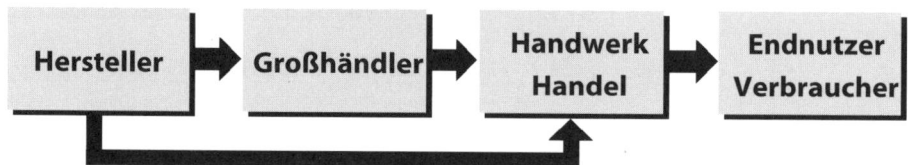

Mit Kunden-Coaching bricht der Verkäufer mit der traditionellen Fokussierung auf den eigenen Erfolg, um durch die gezielte Förderung des Absatzpartners in Verkauf und Unternehmensführung eine neue Form der Kundenbindung zu etablieren und gleichzeitig das Absatzpotenzial zu vergrößern. Und: um damit letzten Endes wieder selbst mehr Verkaufserfolg zu haben.

Inhalt:

Bestimmungsfaktoren für den Vertrieb über Marktpartner

Die Doppelstrategie im Vertrieb über Marktpartner

Leitgedanken für Kunden-Coaching

Die neue Kernkompetenz: Strategisches Kunden-Coaching

■ 100 % Kunden-Know-how

■ Die Stufen des Serviceerfolgs

1. Bestimmungsfaktoren für den Vertrieb über Marktpartner

1.1 Gesetze des Wandels

> **„Wer nicht mit der Zeit geht, geht mit der Zeit!"**

Dieser Spruch ist mir in den Anfängen meiner beruflichen Tätigkeit zum ersten Mal begegnet. Immer wieder habe ich seitdem bekanntere und unbekanntere Beispiele beobachtet, bei denen die Wahrheit dieses Spruches auf dramatische Art und Weise deutlich wurde. Wie viele Einzelhändler im Zentrum kleiner Ortschaften gibt es heute nicht mehr, obwohl deren Inhaberfamilien über Generationen neidisch beäugt worden waren? Wie viele Großunternehmen mit Rang und Namen und marktführender Stellung sind heute zumindest vom Namen her von der Bildfläche verschwunden? Die Ursachen lassen sich in der Regel bei allen auf einen einfachen Nenner bringen: „Sie sind nicht mit der Zeit gegangen!" Doch dieser allgemeine Satz zergliedert sich in der Einzelbetrachtung in ganz verschiedenartige Ursachen.

Letztlich stellen sich für die verantwortlich Handelnden bei ihren Unternehmen immer die gleichen Fragen:

◼ „Was ist der Trend der Zeit?"

◼ „Was sind die Anforderungen von morgen?"

◼ „Welche Einflüsse sind zu berücksichtigen?"

◼ „Sind wir bereit für die Anforderungen der Zukunft?"

- „Welche Konsequenzen müssen gezogen werden?"

- „Welche Pläne sind darauf basierend zu entwerfen?"

- „Sind wir in der Lage, diese Pläne zügig umzusetzen?"

Der viel strapazierte und dennoch tatsächlich reale „Wandel" in einer modernen Informationsgesellschaft ist also eines der großen Paradigmen. Der Verkauf von heute unterliegt den Gesetzen des Wandels in einem früher nie erahnten Maß. Einige Gesetze dieses Wandels heißen:

Produkte besitzen eine immer größere Halbwertszeit, was ihre Absatzperspektive betrifft!

Die Verfügbarkeit von Informationen im Internet-Zeitalter ist Realität für jedermann, nicht mehr Privileg für Groß gegenüber Klein.

Die Leistungsfähigkeit der Unternehmen hängt immer mehr von der Bereitschaft und Fähigkeit ihrer Mitarbeiter ab, ständig zu lernen.

In gleichem Maße ist Flexibilität das Zauberkriterium Nr. 1 für alle guten und schlechten Zeiten.

Die Bereitschaft „quer zu denken", Etabliertes und gestern Erfolgreiches schon heute vorbehaltlos infrage zu stellen, ist Voraussetzung für langfristige Unternehmenssicherung.

Wer seine Produkte über Marktpartner vertreibt, ist elementar von deren Leistungsfähigkeit abhängig. Deshalb müssen die Verantwortlichen nicht nur dafür sorgen, dass das eigene Unternehmen sich erfolgreich dem Wandel stellt. Sie müssen auch bei ihren Partnern dafür sorgen. Diese Konsequenz ist im Grunde elementarer Bestandteil für den eigenen Erfolg!

1.2 Abkehr vom Verkäufermarkt

Was waren es noch für paradiesische Zeiten, als in der Computerindustrie 50 % und mehr die gängigen Handelsspannen waren und der Kunde ohne große Alternativen die Unterschrift unter Kaufverträge setzen musste. Welcher Marktführer der Vergangenheit, aber auch der Gegenwart, erinnert sich nicht gern an Zeiten, in denen kaum ernst zu nehmender Wettbewerb in Sicht und die Nachfrage nach den eigenen Produkten kaum zu befriedigen war.

Die legendären Verkäufermärkte erscheinen jungen Verkäufern von heute wie eine Traumwelt aus vergangener Zeit, gemessen an der harten Realität des alltäglichen Verdrängungswettbewerbs. Zu selten und häufig auch zu spät kommen Produktinnovationen, die wenigstens wieder ein bisschen Vorsprung vor dem aufdringlichen Wettbewerb schaffen. Diametral entgegen steht diesen selten oder nie auftretenden Glücksphasen die immer größere Transparenz für den Kunden und dessen (angeblich) sinkende Bereitschaft, sich an einen bestimmten Lieferanten zu binden.

1.3 Natürliche Grenzen innerhalb einer Vertriebsschiene

Immer mehr traditionell mit Direktvertrieb arbeitende Unternehmen wechseln zu einer mehr oder minder erfolgreichen Mischform zwischen eigenem

Außendienst und dem Verkauf über externe Händler. Dies war eine im vergangenen Jahrzehnt sehr deutlich zu beobachtende Entwicklung, deren Fortdauer meiner Meinung nach aber lediglich davon abhängt, wie lange in unserem Land die Kosten für den eigenen Mitarbeiterstab aufgrund der Abgabensituation noch für zu hoch erachtet werden.

Alle Umsteiger auf indirekte Vertriebskanäle spüren jedoch von Anfang an die elementaren Rahmenbedingungen und Grenzen, mit denen die Unternehmen mit ausschließlichem Vertrieb über Partner zur Genüge zu kämpfen haben:

> **Abhängigkeit von der Leistungsfähigkeit**
> **des Partners bei in der Regel**
> **fehlender Durchgriffsmöglichkeit.**

2. Die Doppelstrategie für den Vertrieb über Marktpartner

Wer diese Grenze umgehen, Marktanteile sichern und neue dazugewinnen will, braucht eine Doppelstrategie im Vertrieb über Marktpartner. Es sind nämlich zwei wesentliche Felder, auf denen sich die Schlacht um Wachstum und Erfolg entscheidet:

2.1 Sicherung der bestehenden Absatzkanäle

Welchem Hersteller graut nicht vor einem Schreiben seines wichtigsten Großhandelspartners, dass er „aus strategischen und wirtschaftlichen Überlegungen heraus" sich dazu entschlossen habe, künftig die Produktpalette des Wettbewerbers zu vertreiben. In solchen Fällen geraten alle Planungen ins Wanken. Marktanteile verschieben sich, das betriebswirtschaftliche Räderwerk beginnt sich in die falsche Richtung zu drehen. Auch hier dürfte der Satz gelten: „Wer nicht mit der Zeit geht, geht mit der Zeit!" Der betroffene Hersteller hat wohl Signale der Vergangenheit von seinem Partner nicht richtig empfangen oder möglicherweise in allzu starkem Selbstbewusstsein ignoriert. Oder er hat schlichtweg zu wenig geboten – außer einem nach wie vor guten Produktspektrum und guten Konditionen.

„Wie bitte? – Was will er denn noch mehr?" So oder ähnlich sind mir in der Vergangenheit Fragen entgegengeprallt, wenn ich folgende entscheidende These in den Raum stellte:

> **„Was Ihr heute Eurem Handelspartner bietet,**
> **ist morgen nicht mehr nur Selbstverständlichkeit,**
> **sondern allenfalls wohl gelittene Randerscheinung**
> **einer Erfolgspartnerschaft!"**

Natürlich stehe ich ganz bewusst zu einer so provozierenden Formulierung. Und natürlich gestehe ich auch eine latent sichtbare Überzeichnung zu. Aber wenn eine Diskussion über diese These in Gang kommt, wird die in ihr verborgene Wahrheit ganz schnell sichtbar. Das Grundproblem lautet nämlich:

> **Die Art der Partnerschaft zwischen Lieferant und**
> **Handelspartner wird schlicht zu eng definiert!**

Was wird denn derzeit als Säule einer dauerhaften Marktpartnerschaft im Vertrieb über Marktpartner angesehen? Da ist zunächst doch das mehr oder weniger aufwendig gestrickte Geflecht aus jährlichen Rahmenkonditionen verbunden mit knalligen Abverkaufsaktionen und einer Garnitur aus durchsichtig oder undurchsichtig gestalteten Bonuskomponenten. Und dazu werden noch die Flaggen des „guten technischen Services" und der „besonderen partnerschaftlichen Betreuung" gehisst.

Man braucht kein Prophet sein, um treffsicher vorhersagen zu können, dass dies in Zukunft keinen Marktpartner mehr vom Hocker reißen wird. Bei genügend Selbstkritik ist doch auch schon heute zu spüren, dass obige „Säulen" gerade mal noch als Standard oder als Selbstverständlichkeiten angesehen werden.

> **Wer bestehende Absatzkanäle sichern will,**
> **kommt mit Sicherheit nicht mehr mit der klassischen**
> **Vertriebspartner-Betreuung aus.**

Die bieten nämlich aufstrebende Wettbewerber auch. Außerdem attackieren diese Wettbewerber die gewachsene Partnerschaft mit „noch enger kalkulierten" Konditionen – sprich Lockvogel-Angeboten für den Produkt- und Lieferantenwechsel – und vielleicht sogar neuartigen Produktfamilien. Sie wird möglicherweise oft noch zusätzlich aufgeweicht durch die Folgen des immer deutlicheren Generationenwechsels.

Bestehende persönliche Verbindungen gehen sozusagen in den Ruhestand und übertragen sich nicht auf die neuen Verantwortlichen. Deshalb drängen sich die Hauptanforderungen zur Sicherung von Absatzkanälen geradezu von selbst auf:

> **Dem Wettbewerb in Service und Ideen**
> **grundsätzlich voraus sein!**

> **Organisierte Partnerschaften und**
> **Kunden-Clubs aufbauen!**

2.2 Ausweitung des Absatzpotenzials durch Förderung des Partners in Vertrieb und Unternehmensführung

Zur Sicherung der Beziehungen zu bestehenden Handelspartnern – also Kunden-Bindung im umfassenden Sinn – sollte als zweite, im Grunde noch chancenreichere Strategie, die Kunden-Förderung hinzukommen. Der diesem Ansatz zugrunde liegende Gedanke ist ebenso einfach beschrieben wie Erfolg versprechend in seiner Wirksamkeit. Ist der Vertriebspartner in der Lage, seine verkäuferische Vorgehensweise zu verbessern, steigt ganz zwangsläufig der Umsatz innerhalb der Marktkette – für jeden Beteiligten. Alles, was den Verkauf des Partners stärkt, wirkt sich unmittelbar in besseren Zahlen aus. In den meisten Fällen bildet die Verkaufsaktivierung von Marktpartnern zwar den Schwerpunkt, aber eigentlich muss grundsätzlich die gesamte unternehmerische Leistungsfähigkeit des Marktpartners gestärkt werden. Wer Baustellen in Organisation, Mitarbeiterführung oder noch schlimmer, generelle wirtschaftliche Mängel hat, wird nur schwer allein durch die Stärkung des Verkaufs aus der Talsohle herauskommen.

Aus diesem Grund umfasst die zweite Strategie auch die Betrachtung des gesamten Partner-Unternehmens. Überall, wo der Lieferant zu helfen in der Lage ist, sollte er dies nicht zuletzt auch im eigenen Interesse tun. Bei konsequenter Verfolgung einer solchen Strategie verändert sich die Sichtweise des Lieferanten sich selbst gegenüber:

> **Entscheidend für den eigenen Erfolg ist der Unternehmenserfolg der Vertriebspartner.**

> **Die eigenen Außendienstmitarbeiter sind zukünftig nicht mehr Verkäufer, sondern erhalten das Profil von Unternehmensberatern.**

> **Sie sind im Grunde nicht mehr Verkäufer,
> sondern fungieren als Coach für ihre Kunden.**

> **Kunden-Coaching ist die Neue Art des Verkaufes.**

Aus den bisherigen Überlegungen heraus lässt sich eine klare Definition für Kunden-Coaching formulieren, die als Leitsatz prägend für die vorher erläuterte Doppelstrategie steht:

Verkaufen heißt, dem Kunden zu seinem Erfolg zu verhelfen.

Kunden-Coaching besagt im Kern, dass innerhalb der Marktkette das Augenmerk zunächst auf dem Erfolg des Vertriebspartners zu ruhen hat, bevor die traditionelle Betrachtung des eigenen Verkaufserfolgs infrage kommt. Gerade diese Betrachtungsweise stößt zunächst einmal auf den größten Widerspruch: Wie bitte? Soll nicht mehr der eigene verkäuferische Erfolg – für das eigene Unternehmen – das Wichtigste sein?

Wer seine eigene Verkaufstätigkeit kritisch betrachtet, stellt fest, dass traditionelles Denken den Gesichtskreis zu sehr einengt. Alle „alten" verkäuferischen Vorgehensweisen stoßen gerade im Vertrieb über Marktpartner an ihre Grenzen.

Standard-Kundenbesuche nach dem Motto „Brauchen wir was heute?" sind eher Geldvernichter denn Umsatzbringer. Etwas diplomatischer formuliert könnte man auch fragen: „Bei wem ist denn nicht schon längst das Potenzial an Optimierungsmöglichkeiten bei der Routenplanung ausgeschöpft?" Die dreihunderteinundzwanzigste Verkaufsaktion mit den Händlern im Gebiet X ist häufig auch nur ein weiterer Nagel in den Sargdeckel der eigenen Preispolitik. Da hilft nur eine Konsequenz:

> **Weg von der Konzentration auf den eigenen Verkauf. Das Wachstumspotenzial wird nur über die Konzentration auf den Erfolg des Marktpartners erreicht.**

Kunden-Coaching bedeutet, dass der Kunde auf partnerschaftliche Art und Weise geführt wird. Der Begriff Coach ist im Sport ja schon lange verbreitet. Sieht man genauer hin, gibt es auffallende Ähnlichkeiten zwischen den Aufgaben eines Coachs im Sport und den oben beschriebenen Intentionen im Vertrieb über Marktpartner. So wie der Sport-Coach verantwortlich ist für die Leistungsentwicklung seines Schützlings, so ist auch der Lieferant verantwortlich für die Leistung der Vertriebspartner. Dabei entfällt der disziplinarische Zugriff. Nichts geht „per ordre de mufti". Nur beim Muskelaufbau anzusetzen ist für den Sport-Coach ein isolierter Ansatz; wenn der Sportler „mental" nicht fit ist, nützen ihm die größten Muskelpakete nichts. Genauso helfen auch die besten Mengenrabatte nichts, wenn der Vertriebspartner nicht in der Lage ist, selbst genügend Aufträge für solche Mengen zu akquirieren.

Der Kunde erwartet heutzutage mehr vom Lieferanten, auch wenn er diese

Erwartungen selbst nicht nennt oder häufig auch gar nicht formulieren kann. Zumindest erwartet er nicht nur ein Produkt oder eine Dienstleistung. Er wünscht sich generell ehrliche Beratung und Hilfestellung bei der Lösung seiner Probleme. Vom verkäuferischen Liefern zum partnerschaftlichen Beraten ist es jedoch oft ein weiter Weg. Ohne umfassende Information über den Kunden ist Beratung schwer oder nur unvollständig möglich.

3. Leitgedanken für Kunden-Coaching

Leitgedanke 1

> **Kunden-Know-how ist der größte Schatz**
> **des Marktpartners.**

Wenn ich heute Außendienstmitarbeiter frage, was sie denn beispielsweise über ihre Handelspartner wissen, bewegen sich die Antworten in der Regel in einem eng begrenzten Feld: „Erreicht den und den Umsatz...", „Besuche ich alle 3 Wochen...", „Muss öfter hin, weil er schlecht zahlt...", „Hat Kunden aus dem und dem Bereich...". Hinzu kommen meist noch Informationen aus dem persönlichen Bereich, also über den eigenen Ansprechpartner. Je tiefer ich nachbohre, desto größer werden die Lücken im Kunden-Know-how sichtbar. Dies vor allem, weil sich das Know-how eben meist auf lieferantenspezifische Dinge begrenzt. Wer einen Vertriebspartner hingegen coachen will, muss im Grunde „alles" über ihn wissen. Nur wer mit der besten Arbeitsauffassung eines vertrauenswürdigen Unternehmensberaters alle Informationen sammelt, deren er habhaft werden kann, kann auch qualifiziert und treffsicher coachen.

Leitgedanke 2

Top-Servicequalität muss neu definiert werden!
Erfolg ist der Sieg der Einfälle über die Zufälle!

Nur wer aus diesem vollständigen Wissen über den Kunden heraus neue Vorschläge und Ideen für den Verkauf des Partners entwickelt und aktiv bei deren praktischer Umsetzung behilflich ist, arbeitet als wirklicher Partner und nicht als eigensüchtiger Lieferant. So kann er gezielt den Verkaufserfolg des Partners steigern, statt auf den berühmten Zufall zu warten.

Leitgedanke 3

Jedes Unternehmen, das Produkte über
Vertriebspartner absetzt, braucht ein
umfassendes Coaching-Konzept
für deren Verkaufserfolg.

Mit Einzel-Ideen oder Einzelmaßnahmen ist es nicht getan. Erforderlich ist ein umfassendes Konzept von Betreuungs- und Unterstützungsmaßnahmen gegenüber dem Vertriebspartner. Ein solches Konzept integriert die schon beschriebene Doppelstrategie. Alle darin enthaltenen Vorgehensweisen sichern einerseits die bestehende Vertriebspartnerschaft und weiten andererseits das Absatzpotenzial aus. Für dieses umfassende Konzept lassen sich folgende Regeln definieren:

- Alle Unternehmensbelange werden erfasst und abgedeckt.

- Die Mitarbeiter im eigenen Unternehmen kennen alle ausnahmslos das Konzept und die dahinter stehende Strategie des Kunden-Coaching.

- Für möglichst viele, am besten alle Belange der Vertriebspartner werden Service-Leistungen und Unterstützungspakete angeboten.

- Der Außendienst wird zur Einführung und Durchführung des Konzepts umfassend geschult und vorbereitet.

- Einmal-Aktionen und sporadische Angebote bringen nichts – Langfristigkeit ist gefragt.

- Immer wieder neue Ideen und Leistungen werden in das Konzept integriert.

4. Die neue Kernkompetenz für Unternehmen – Strategisches Kunden-Coaching

Den Ansatz, sozusagen „alles" über den Vertriebspartner zu wissen – das 100 %-Kunden-Know-how zu besitzen, habe ich bereits genannt. Die gesamte Kontakt-Organisation zum Vertriebspartner fußt auf diesem umfassenden Kunden-Know-how. Das Gleiche gilt für die angebotenen Unterstützungsmaßnahmen. Die Anforderungen an das Kunden-Know-how beschreibt am besten eine Checkliste an Fragen:

Zum Unternehmen

- Wie ist die wirtschaftliche Situation des Vertriebspartners?

- Wie stellt sich das Unternehmen nach außen dar?

- Wie war die Entwicklung der letzten Jahre, was plant der Partner für die Zukunft?

- Was sind seine Stärken und Schwächen?

- Was kann für seine Gesamt-Zielsetzung getan werden?

Zur inneren Struktur des Vertriebspartners

- Wie ist die innere Organisation?

- Welche ungeschriebenen Gesetze sind auszumachen?

- Ist seine Organisation schlagfertig?

- Welchen Stellenwert hat der Verkauf beim Vertriebspartner?

- Was kann zur Stärkung der inneren Struktur getan werden?

Wettbewerbssituation am Markt

- In welchen Segmenten / bei welchem Kunden-Klientel ist der Vertriebspartner aktiv?

- Welche Rolle spielt er am Markt? (Aktiv? Mitläufer? Absteigender Ast?)

- Welche Chancen bieten sich im Markt für den Vertriebspartner?

Beziehungsebene zum Vertriebspartner

- Wie sieht er uns als Marktpartner?

- Besteht eine feste, treue Lieferanten-Beziehung oder eine zu lose Zusammenarbeit?

- Sind die persönlichen Beziehungen zum Vertriebspartner intensiv genug?

- Welche Maßnahmen müssen zur Verbesserung der persönlichen Beziehungen getroffen werden?

Verkäuferische Vorgehensweise des Vertriebspartners

- Wie ist sein Gesamtauftritt im Markt?

- Wo liegen Entwicklungspotenziale für dessen Verkauf?

- Wie sind seine derzeitigen Verkaufsaktivitäten zu bewerten?

- Kennt er das gesamte Kunden-Potenzial?

- Nutzt er alle Möglichkeiten, Kunden zu werben?

- Sind die Mitarbeiter verkaufsorientiert ausgebildet und tätig?

- Was kann für eine Stärkung des Verkaufs des Vertriebspartners getan werden?

Als Zweites kommt beim strategischen Kunden-Coaching zum Kunden-Knowhow das Thema „Service-Leistungen" hinzu. Mittlerweile rühmt sich ja jedes Unternehmen gegenüber den Kunden seiner Service-Palette, um bei Produktpreisen einen besseren Stand zu haben. Während in der Öffentlichkeit das Schlagwort „Servicewüste Deutschland" diskutiert wird, vermittelt die Verkäufer-Argumentation in der Summe eher den Eindruck paradiesischer Zustände. Ich persönlich neige grundsätzlich eher zu einer äußerst skeptischen Position, um es erneut diplomatisch zu formulieren. Nicht allzu viele Einzelfälle ausgenommen, werden zum einen die Chancen dieses Service-Themas von den meisten Unternehmen absolut nicht erkannt, und zum anderen üben sich viele in einer beispiellosen Selbstgefälligkeit und Trägheit. Insbesondere Unternehmen in Marktketten tun sich da hervor. Dabei ist die Probe aufs Exempel mit ganz wenigen Fragen zu machen.

1. Gibt es Wettbewerber, die nicht die gesamten Service-Leistungen des eigenen Unternehmens bieten?

Diese erste Frage können die meisten Hersteller und Großhändler noch seelenruhig mit Ja beantworten. Irgendwie und gerade bei schwächeren Wettbewerbern findet sich immer einer, der bestimmte Leistungen seinen Vertriebspartnern nicht bietet. Aber schon die zweite Frage muss konsequenterweise nachdenklich machen:

2. Bietet unser Unternehmen eine Service-Leistung, die die Gesamtheit aller Wettbewerber den Vertriebspartnern nicht bietet?

Wie gemein! Einer gegen alle – oder was? Hier kommt das Service-Problem normalerweise auf den Punkt. Wie soll man aus einer Menge von Wettbewerbern klar herausragen, wenn man im Service keine deutlichen Merkmale der Eigenständigkeit bietet?

Ist es nicht so, dass ein Unternehmen gemeinsam mit seinen Wettbewerbern immer um die leistungsfähigsten Vertriebspartner buhlt? Und versucht nicht jeder dabei, durch eine optimale Menge an Vertriebspartnern bei bestmöglicher regionaler Verteilung den aussichtsreichsten Marktzugriff zu bekommen? Warum beginnt dann nicht schon längst ein Wettrennen der Ideen im Service-Sektor? Fragen Sie sich selbst, auf welcher Stufe der Service-Treppe Sie stehen:

Stufe 5
Unternehmen überrascht und begeistert die Kunden durch Kunden-Coaching

Stufe 4
Unternehmen setz ständig neue Service-Ideen um

Stufe 3
Unternehmen erbringt unaufgefordert zusätzliche Service-Leistungen

Stufe 2
Unternehmen erbringt vom Kunden gewünschte Service-Leistungen

Stufe 1
Unternehmen befriedigt die grundsätzlichen Service-Anforderungen

Mir ist natürlich klar, dass es mutig ist, Kunden-Coaching als höchste Stufe der Service-Qualität zu bezeichnen. Aber lassen sich drei Intentionen hier nicht auf hervorragende Weise verbinden?

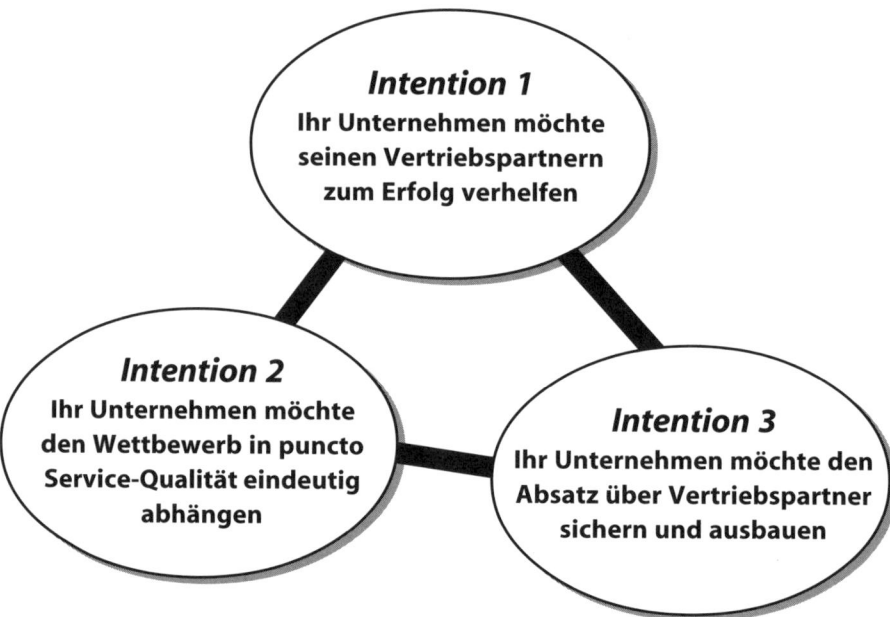

Die ganz klare Ausrichtung auf Kunden-Coaching verbindet alle drei Intentionen in idealer Weise. Als Mittel der Wahl stehen alle möglichen Varianten der Schulungs- und Trainingsleistungen für Unternehmensführung und Verkauf zur Verfügung, die Organisation von Vergünstigungen in allen Betriebsbereichen des Vertriebspartners, die zuvorkommende Unterstützung bei der Kunden-Bearbeitung, der Aufbau von Kunden-Clubs usw. usw.

Stellen Sie nicht nur die Frage der Sicherung von Vertriebskanälen in den Mittelpunkt! Setzen Sie sich „Zielgruppenbesitz" als Unternehmensziel! Kunden-Coaching versetzt Sie dazu in die Lage.

Der Autor

Wojkan A. Kleinschwärzer

Das „Realo-Netz der Motivation"

Wojkan A. Kleinschwärzer liegt nichts ferner als abgehobene Motivationsmethoden und Pseudotechniken. Er ist bekannt für absolut praxisnahe Führungskräfte- und Verkaufstrainings. Im Sinne seines „Realo-Netzes" der Motivation arbeitet er mit Unternehmen verschiedenster Größe und Branchenzugehörigkeit zusammen.

Das „Realo-Netz der Motivation"

Wie Verkäufer in der Praxis dauerhaft motiviert werden

1. Einführung

Die Wahrheit über Mitarbeitermotivation zuerst:

Versammeln Sie morgens früh alle Ihre Mitarbeiter um sich und erschießen dann den unter ihnen, der in der letzten Woche die schwächsten Umsatzergebnisse erzielt hat. Wiederholen Sie diese Prozedur mindestens einmal pro Woche und vergessen Sie bitte nicht, regelmäßig Ersatz für die entstandene Lücke im Personalbestand zu rekrutieren.

Eine neue, die einzige Erfolg versprechende Motivationsmethode?

Alle Untersuchungen – und am meisten die tägliche Praxis in Verkaufsorganisationen – zeigen, dass dauerhafte Motivation von Verkaufsmitarbeitern kein einmal zu installierendes Steuerungsinstrument ist, das man nach getätigter Investition sich selbst überlassen kann.

Die Verkaufswelt lebt heute unter wirtschaftlichen und sozialen Rahmenbedingungen, die es Führungskräften nur dann ermöglicht, ihre Mitarbeiter **dauerhaft** zu motivieren, wenn sie sich über die Kontinuität, über die Notwendigkeit eines *dauernden Prozesses* im Klaren sind.

Jede Verkaufsführungskraft und das Unternehmen, in dem sie arbeitet, sind schlecht beraten, wenn Motivation gerade mal als zukaufbares Instrument verstanden wird. Ein Instrument, das lediglich – neben neuen Laptops und Dienstwagen – einen Posten in der Jahresbudget-Planung darstellt.

Die große zweite Sackgasse, in die viele Verkaufsleiter rennen, ist die des _Entertainers._ Sie können noch so viele Bungee-Sprünge gemeinsam mit Ihren Mitarbeitern machen wie Sie wollen, noch so häufig sich blutige Füße beim Lauf über Glasscherben holen, die motivierende Dauer dieser Maßnahmen ist meistens kürzer als die Laufzeit der Überweisungen auf das Bankkonto des Incentive-Veranstalters. Also doch Zuckerbrot und Peitsche? Doch „nur" geldwerte Zuckerstückchen beim jährlichen firmeninternen Verkäuferwettbewerb? Die Antwort lautet:

**Motivation von Verkaufsmitarbeitern
durch die Führungskraft ist zuallererst
Hilfe zur Selbsthilfe.**

Motivation per „Knopfdruck", Motivation auf Bestellung, kann so wenig funktionieren wie der Versuch, einer Trauergemeinde beim Gruppenfoto zuzurufen: „Bitte lächeln!". Zu motivieren meint, einem anderen Menschen einen Beweggrund für ein bestimmtes Handeln zu geben. Dieses Handeln kann aber nur dann stattfinden, wenn der andere Mensch, also der Mitarbeiter, sich diesen Beweggrund zu Eigen macht.

Sie werden nachfolgend sehen, dass hier zwei wesentliche Faktoren miteinander zu kombinieren sind. Zum einen muss der Anforderung an ein _dauerhaftes, ein prozesshaftes Vorgehen_ bei der Motivation der Verkäufer entsprochen werden. Zum anderen muss derjenige, der im Erleben seiner Arbeitswelt für den Mitarbeiter eine entscheidende, wenn nicht sogar die wichtigste Rolle spielt, die Führungskraft, _permanent begleitend_ in diesem Prozess mitarbeiten. Genauso wie das kollegiale Umfeld jedes Mitarbeiters entsprechend zu gestalten ist.

Als bestes Bild dafür, wie das zu bewerkstelligen ist, lässt sich ein Netz, ein Netzwerk vorstellen.

Dieses *Netzwerk* besteht aus den Komponenten

> **persönliches, motivierendes Verhalten**
> **der Verkaufsführungskraft**

und

> **Einbindung aller in seinem Verantwortungsbereich**
> **arbeitenden Mitarbeiter.**

Am tauglichsten zur Beschreibung dieses Vorgehens ist das Bild des **Netzwerkes** deswegen, weil eine Führungskraft eben nicht nur die einfache Verbindung von der Führung zum Mitarbeiter für ihre motivierenden Aktivitäten betrachten sollten sondern weil eine *Vielfalt von Faktoren* erst ein dauerhaftes, erfolgreiches Vorgehen ermöglicht. Diese Faktoren müssen – um optimal wirken zu können – untereinander vernetzt sein. Und zwar in einer nachprüfbaren, planbaren, also *realen* Zusammensetzung. Ich habe den Wortteil *Realo* deswegen entlehnt, weil ich der felsenfesten Überzeugung bin, dass uns allen bei dem täglichen Bemühen um Motivation mit absoluten, teilweise spiritistischen bis unrealistischen Maximalforderungen und Wunschdenken nicht oder meistens wenig geholfen ist.

Sehen Sie sich nun die wesentlichen Komponenten des

> **REALO-NETZES DER MOTIVATION**

an.

2. Der Feigling und die Rituale

Der Ausweg aus dem Verstecken hinter offiziellen, steifen Motivationsritualen:

Eine erfolgreiche Führungskraft arbeitet in aller Regel nach strengen methodischen Prinzipien; Zeitmanagement und Selbstorganisation sind genauso selbstverständlich in der täglichen Arbeit wie ständige fachliche Weiterbildung. Der Aktivitätenüberwachung der Mitarbeiter liegt ein minutiös durchdachtes Berichtswesen zugrunde, und die laufende beobachtende Begleitung des Marktes oder der Branche ist selbstverständlich. Um sicher zu sein, dass die Verkaufsmitarbeiter *motiviert* sind, wird manchmal eine ganze Abteilung des Unternehmens damit beschäftigt, die Verkäufer in „angenehme", dem Erfolg förderliche Rahmenbedingungen einzubetten. Fast immer führt das zu Aktivitäten, die völlig von der Verkaufsführungskraft entkoppelt sind: Irgendetwas Externes oder ein Externer wird mit der Aufgabe bedacht, dafür zu sorgen, dass der Verkäufer das tut, was er qua Arbeitsvertrag eben zu tun hat. Nämlich so viel wie möglich Gewinn bringende Umsätze zu generieren.

Da sind sie dann, die Wildwasserfahrten in Grönland, die Dienstwagen mit 12 Zylindern und die Boni auf die ohnedies schon üppigen Einkommen. Der Grad des eigenen Engagements der Verkaufsleiter, durch ihr *persönliches* Verhalten motivierend zu wirken, strebt häufig gegen null. Die Führungskraft ist lediglich diejenige Instanz, die Gehaltserhöhungen befürwortet, Incentive-Reisen bewilligt oder den Besuch im Edel-Restaurant gutheißt. Als *Persönlichkeit* trägt sie wenig dazu bei, auf den beruflichen Erfolg ihrer Mitarbeiter durch ihr Verhalten, durch ihr ureigenes Wirken einen positiven Einfluss auszuüben. Eingebunden in die eigene Aufgabenvielfalt werden externe Motivationsangebote dankend angenommen. Hier liegt die Hauptursache, warum das Bemühen um dauerhafte Motivation der Verkäufer immer dem Rennen zwischen Hase und Igel ähnelt. Der Verkaufsleiter verfällt allzu leicht der Verlockung, sich hinter den Belobigungsritualen des Unternehmens zu verstecken. Es ist wesentlich einfacher, eine Reise zum Eis-Angeln an der Wolga zu organisieren, als z. B. durch freundschaftliches und nachhaltiges Eingehen auf den *Menschen* Mitarbeiter diesen für die gemeinsame Sache zu gewinnen. Dieses schwierige Geschäft, Menschen im Berufsleben als Menschen anzusprechen, die Partnerschaft mit ihnen zu suchen, um den zentralen Lebensinhalt *Arbeit* gemeinsam zu erleben, wird Externen oder schnöden „Gimmicks" überlassen. Und immer wieder bleibt das Erstaunen darüber, dass solche *Motivationsmethoden* immer von einer höchst kurzen Wirkungsdauer sind.

Wir alle wissen, dass solche zugekauften, aufgesetzten Motivationsmittel immer nur so lange wirken, wie der Berichtszeitraum andauert, für den sie ausgelobt wurden.

Der Erfolg des Verkaufsleiters ist immer an sein persönliches Wirken gekoppelt. Gimmicks, Incentives und Benefits können allerhöchstens ein <u>zusätzliches</u> Mittel sein. **Was zählt, ist die motivierende Wirkung der Person – die Persönlichkeit des Verkaufsleiters.** Jeder kennt Beispiele – zumeist aus kleineren Unternehmen oder einzelnen Abteilungen –, in denen die finanzielle Schlagkraft des Unternehmens Reisen zum Surfen nach Hawaii gar nicht zulässt, und trotzdem zerreissen sich die Verkäufer für ihr Unternehmen, für ihr Produkt und eben für ihren Verkaufsleiter.

> **Sie wollen <u>Menschen</u> führen/motivieren**
> **– dann führen/motivieren Sie auch als <u>Mensch</u>.**

■ Suchen Sie die Freundschaft ihrer Mitarbeiter!

Verstecken Sie sich nicht hinter aufgesetzten, kurzlebigen Mildtätigkeiten in Form von geldwerten Motivationsspritzen, sondern zeigen Sie Flagge! Zeigen Sie, dass Sie freundschaftlicher Begleiter, Kritiker und Förderer in dem wichtigen Bestandteil des Lebens sind, der Arbeit heißt.

▨ Zeigen Sie, dass es sich lohnt, mit Ihnen zu arbeiten!

Der Schlüssel hierzu heißt *Vertrauen*! Erst wenn Sie Vertrauen geben und sich auch vertrauenswürdig zeigen, dann wird die Belohnung für gute Leistungen etwas, was Ihre Mitarbeiter als Anerkennung betrachten und nicht nur als arbeitsvertraglich geregelte Zugabe.

▨ Bauen Sie ein Netzwerk an Gleichgesinnten auf!

Setzen Sie ihr ganzes Engagement darauf, dass der Gedanke, die Idee, die Ihre Abteilung, Ihre Vertriebseinheit tragen, **von allen** getragen, von allen verinnerlicht wird. Kümmern Sie sich um **jeden**, der für die gemeinsame Sache motiviert werden soll. Setzen Sie alles daran, dass dieses Netzwerk stabil ist. Setzen Sie alles daran, dass dieses Netzwerk der kleinste gemeinsame Nenner der Einstellung zum Erfolg wird.

▨ Sorgen Sie dafür, dass Ihre Mitarbeiter nicht unbedingt <u>für</u> Sie, aber unbedingt <u>mit</u> Ihnen arbeiten wollen!

Sorgen Sie dafür, dass Sie der Garant der richtigen Rahmenbedingungen für den Erfolg Ihrer Verkäufer sind. Zeigen Sie Ihren Mitarbeitern, dass ihr Erfolg Ihnen Freude bereitet. Sehen Sie Ihre Aufgabe darin, den größtmöglichen Erfolg Ihrer Mitarbeiter zu ermöglichen, statt Ihren eigenen Erfolg von anderen verwirklichen zu lassen!

3. Von der Pflicht zur Kür

Warum motivierendes Verhalten harte, handwerkliche Arbeit und erlernbar ist:

Wir halten fest, dass wesentlicher Bestandteil der Motivation von Verkaufsmitarbeitern das persönliche Wirken des Verkaufsleiters ist.

Der häufigste Begriff, der bei der Frage nach der richtigen Umsetzung dieses Wirkens genannt wird, ist der sagenumwobene Begriff: *Charisma*. Und genau durch diesen Begriff wird auch die Schwierigkeit, vor der wir stehen, gekennzeichnet. Charisma ist eine Summe von sozialen und materiellen Eindrücken, die jemand bei anderen hervorruft – mit der ganzen Bandbreite an individuellen Abweichungen und Ungenauigkeiten, je nach Sicht von Person und Sache. Diese Charisma-Sehnsucht führt entweder zu unsäglichen Persönlichkeitsverdrehungen oder eben zur Kapitulation durch die einzelne Führungskraft und dem Versuch, wenigstens in der Vergabe von Gehaltserhöhungen charismatisch zu wirken. Charisma kann man sich nicht anziehen wie einen teuren Anzug – und noch weniger kann man so wirken wie der, dessen Charisma man gerne haben möchte. Was also tun, wenn man nicht lachen kann wie ein Hollywood-Star und nicht wichtig dreinschauen wie der große Lenker eines Weltkonzerns?

Lassen Sie sich nicht an dem messen, was Sie zu sein scheinen wollen, sondern an Ihren Handlungen. Über ein charmantes Lächeln zum Beispiel jemanden zu motivieren ist wunderbar, wenn es denn funktioniert. Nur wer kann charmantes Lächeln lehren? Und wer kann dieses charmante Lächeln dann auch richtig anwenden?

Bevor Sie also Stunden vor dem Spiegel mit Grimassen verbringen, fangen Sie lieber damit an, über Ihre Verkäufer als *Menschen* nachzudenken.

Es gibt viele statistisch als sicher ermittelte Kriterien der fördernden, motivierenden Wirkung durch Führungskräfte. Interessanterweise werden lange vor der *fachlichen und methodischen Kompetenz* immer wieder folgende Kriterien genannt und durch die tägliche Praxis auch bestätigt:

Die Fähigkeit, verlässlich und verbindlich zu sein

Die Fähigkeit, konstruktiv zu kritisieren und mit Kritik ebenso umzugehen

Beides sind Fähigkeiten bzw. Eigenschaften die, wenn sie durch die Führungskraft konsequent gelebt werden, nachhaltiger motivieren als so manches Incentive. Beides sind aber auch Fähigkeiten, die von den meisten als wünschenswert und sinnvoll bezeichnet werden, jedoch in der Aktivitätenplanung einer Führungskraft nur selten einen bewusst eingeräumten Platz einnehmen.

Der wichtigste Schritt ist der, neben Berichtswesen, Umsatzplanung und Aufgabenverteilung einen festen Block der

Motivationsaktivitäten

in Ihre persönliche Aktivitätenplanung aufzunehmen. An erster Stelle muss hier, wie bei jeder Aktivitätenplanung, Ihre **Zielfestlegung** stehen.

Bewerten Sie alles, was in einem unmittelbaren beruflichen Zusammenhang mit Ihren Planungen steht, unter dem Gesichtspunkt, ob Sie mit dieser Aktivität Ihre Wirkung als verlässlicher und/oder verbindlicher Vorgesetzter stärken, und was Sie tun können, um diese Wirkung zu betonen. Arbeiten Sie z. B. in der nächsten Team-Besprechung mit klaren *Garantien* hinsichtlich dessen, was Sie mit oder für Ihre Mitarbeiter(n) tun. Weisen Sie auf die Nachprüfbarkeit Ihres Verhaltens hin.

> *„Bei unserem nächsten Meeting werde ich*
> *Ihnen zeigen, dass ich meine Zusage für Sie*
> *eingehalten habe!"*

Holen Sie sich regelmäßig die Bestätigung für Ihr Verhalten bei Ihren Mitarbeitern ab. Wer Gutes tut, muss darüber sprechen, sonst bleibt die Wahrnehmung Ihrer Aktivitäten sehr gering. Tun Sie das, was Verkäufer auch ständig im Verkaufsgespräch tun müssen: Holen Sie sich das JA des Mitarbeiters. Lassen Sie Aktivitäten, die Ihre persönlichen Hauptmotivationswerkzeuge – *Verlässlichkeit und Kritikfähigkeit* – bestätigen, durch Ihre Mitarbeiter quittieren. Versuchen Sie nicht sich sagen zu lassen, was für ein toller Kerl Sie sind, sondern bemühen Sie sich um die Tatsachenfeststellung, dass Sie z. B. Ihr Wort gehalten haben, dass Sie für Unterstützung bei einem bestimmten Projekt gesorgt haben usw.

Sie werden sehen, dass Sie Stück für Stück eine Atmosphäre schaffen, die es Ihren Mitarbeitern ermöglicht, positiv auf die von Ihnen geschaffenen motivierenden Bedingungen zur reagieren.

Bauen Sie **Kontrollmechanismen** für Ihre Motivationsaktivitäten ein. Nehmen Sie sich bei der Tages-/Wochenplanung genügend Zeit, um Geschehnisse unter dem Licht ihrer motivierenden Wirkung zu betrachten. Ordnen Sie z. B. die Ergebnisse eines Meetings nicht nur nach Aufgabenverteilung und Erfolgskontrolle, sondern genauso nach dem Aspekt, ob Sie jeder Beteiligte als verlässlich und kritikfähig wahrgenommen hat. Sollte dies nicht der Fall sein, gehen Sie konsequent an die Nachbearbeitung dieser Situation heran.

> **Machen Sie Ihre soziale Kompetenz zu einem bewusst**
> **eingesetzten Werkzeug Ihres Führungsverhaltens.**

4. Partner-Instrumente der Führung

Menschen führen statt Planstellen und Umsatzvorgaben verwalten:

1. Partner-Instrument

Der Dialog

Die meisten Gespräche zwischen Führungskraft und Mitarbeitern bewegen sich irgendwo in der Bandbreite zwischen Kasernen-Appell, Proklamation der Meinung Dritter („...der Vorstand will, dass wir mehr Umsatz machen...") und dem Versuch, als guter Kumpel andere über den Tisch zu ziehen. Häufig unbefriedigend sind dann auch die Resultate: Misserfolg, Unklarheiten, Unzufriedenheiten und dergleichen mehr.

Wenn Sie den Dialog mit Ihren Mitarbeitern wirklich wollen, um neben dem Sachinhalt stets auch auf die motivationsfördernde Wirkung zu achten, helfen Ihnen fünf einfache Regeln:

> **1. Suchen Sie stets eine Lösung, die beide Seiten berücksichtigt!**
>
> **2. Spielen Sie mit offenen Karten!**
>
> **3. Stellen Sie klar, dass Sie eine eindeutige Position zum Thema haben! Zeigen Sie jedoch, dass Ihre Sichtweise nicht die einzig mögliche ist!**
>
> **4. Sprechen Sie Ihre Wünsche (nicht Ihre Forderungen oder Anweisungen etc.) so klar wie nur irgend möglich aus!**
>
> **5. Vergewissern Sie sich, dass die Ergebnisse/Konsequenzen des Gespräches vom Mitarbeiter erkannt und akzeptiert wurden.**

> **Man kann mit Menschen reden –
> oder sie erreichen!**

2. Partner-Instrument

Halten Sie Demotivierendes von Ihren Mitarbeitern fern!

Wir haben gesehen, dass es ein untaugliches Mittel ist, allein auf Motivation von außen zu setzen. Andererseits ist kaum einer der geborene, charismatische *Leader*. Deswegen konzentrieren Sie sich auf das, was wesentlich besser umsetzbar und vor allem für alle Beteiligten deutlich erkennbar ist.

> **Machen Sie es sich zur Aufgabe,
> Ihre Mitarbeiter vor Demotivation zu bewahren.**

Diese Aufgabe enthält zwei wesentliche Komponenten. Vermeiden Sie alles, was, ausgehend von Ihrer Person, demotivierend wirkt. Wir alle wissen, dass in der Kommunikation ganz entscheidend die Beziehungsebene wirkt. Setzen Sie also da an. Und zwar bei sich selbst! Auch hierzu wieder 5 Regeln für eine ganz einfache, alltägliche Umsetzungsmöglichkeit:

1. Setzen Sie das, was Sie aus allen Trainings für die Kommunikation im Verkauf sattsam kennen, für die Kommunikation mit Ihren Mitarbeitern um. Geben Sie der Klärung Ihrer *Beziehung* zu Ihren Mitarbeitern höchste Priorität.

2. Prüfen Sie regelmäßig Einverständnis und Verständnis ab, statt zu unterstellen, dass der Zugang von E-Mails auch bedeutet, dass so gehandelt wird, wie von Ihnen gewünscht.

3. Kooperieren Sie – statt zu dominieren! Zeigen Sie, dass Sie die *Menschen* Mitarbeiter wahrnehmen und nicht nur Gehaltsempfänger abfertigen.

4. Gestehen Sie Fehler ein, bitten Sie um Hilfe bei Sachthemen. Der Besser- und Alleswisser ist eine Führungskraft ohne Rückgrat.

5. Machen Sie aus Einkommens- und Hierarchiegefälle kein Informationsgefälle! Der Schlüssel hierzu lautet: **Offenheit**.

Sie werden sehen, dass es wesentlich leichter ist, sich durch *integeres* Verhalten gegenüber Mitarbeitern auf der sicheren Seite motivierender Bemühungen zu bewegen, statt den wilden Ritt gegen Windmühlen anzutreten und Motivation zuzukaufen.

Vergeuden Sie keine wertvolle Kraft und Arbeitszeit in Aktivitäten amtlich bestellter Motivationskünstler oder – noch schlimmer – stülpen Sie sich nicht die Narrenkappe des frohsinnigen, netten Vorgesetzten über: Wenn Sie Mitarbeiter nur dadurch „motivieren" können, dass Sie bei einer Incentive-Reise mit Badehose bekleidet einen Kübel Sangria mit dem Strohhalm leeren, sollten Sie Ihre berufliche Laufbahn nochmals neu beginnen. Und zwar etwa in der Zeit des ersten Kindergartenbesuches.

3. Partner-Instrument

Versetzen Sie sich in die Menschen hinein!

Wenn Sie von der Feststellung ausgehen, dass Menschenführung immer *menschliches* Führen sein muss, wird Ihnen auch schnell eine weitere große Lücke in den Bemühungen vieler Führungskräfte um motivierte Mitarbeiter deutlich. So genannte *Menschenkenntnis* wird häufig als Ersatz für die *Kenntnis der*

Menschen, mit denen man zusammenarbeitet, genommen. So ungenau der Begriff auch sein mag, Menschenkenntnis als vernünftig gebrauchter Ausdruck kann nur meinen, ich habe Erfahrung, ich habe schon viele Menschen in vergleichbaren Situationen erlebt. Damit einher geht natürlich dieser Klotz in der zwischenmenschlichen Kommunikation, der da „Vorurteil" heißt. Das Klischee Nummer 1, das hier bemüht wird, ist: „...ich arbeite schon X Jahre als Verkaufsleiter – mir macht keiner von den Burschen mehr etwas vor...!" Auch hier gilt die in jeder Stellenanzeige, in jedem Einstellungsgespräch gepriesene Eigenschaft der *kommunikativen Fähigkeit.* Nur dann, wenn Sie sich bemühen, Handlungsmotive von Menschen, also eben auch von Mitarbeitern, zu ergründen, wird es Ihnen gelingen, diese *richtig* anzusprechen.

Jetzt kommen sicher Bedenken auf, man könne ja nicht jeden Mitarbeiter psychoanalytisch begleiten und dann zwangsläufig auch gleich therapieren! Dazu fehle die Zeit und die fachliche Kenntnis. Gut gebrüllt, Löwe! Nur, wir alle wissen, dass allzu häufig selbst der kommunikative Mindestbedarf an Verständnis und Aufnahmebereitschaft für die Motive des *Menschen* Mitarbeiter nicht gedeckt wird. Oder glauben Sie ernsthaft, dass Personalbewertungsbögen oder z. B. Einstufungsgespräche nur von sachlichen, messbaren Kriterien geleitet werden?

Das Wissen um den *Menschen* Mitarbeiter ist in den meisten Führungsetagen durch **soziale und emotionale Ignoranz** geprägt. Wie immer im Leben machen sich diejenigen, die besser sind als andere, genau dies zunutze!

Gute, um die Motivation ihrer Mitarbeiter bemühte Führungskräfte suchen den Menschen. Das hat nichts damit zu tun, jeden Montag dieselbe öde Frage zu stellen, wie denn der Lieblings-Fußballklub am Wochenende gespielt habe.

Gute Führungskräfte suchen vor allem das ihnen Überlegene in ihren Mitarbeitern.

Legen Sie die Angst ab, der *Mensch* Mitarbeiter könne sich, sobald das Korsett der beruflich-sozialen Rangordnung abgelegt ist, als überlegen erweisen.

> **Wenn Sie es schaffen, das Signal zu geben, dass Sie den *Menschen* Mitarbeiter als solchen akzeptieren, brechen alle Dämme der Demotivation.**

Auch hier ist die Praxis der taugliche Prüfstein für alle Bemühungen.

Der Mitarbeiter, den Sie neulich noch ziemlich hart „rangenommen haben", weil seine Reklamationsbehandlung gegenüber Kunden doch allzu großzügig erschien, hat er vielleicht die Großzügigkeit, die Sie sich schon lange für sich selbst wünschen.

Ihr Verkäufer, den Sie schon häufiger gebeten haben, doch etwas weniger *humorig* aufzutreten, hat er vielleicht die Leichtigkeit im Umgang mit anderen und natürlich mit Kunden, die Sie sich schon lange für sich selbst wünschen.

Die Kette der Beispiele wäre beliebig zu verlängern. Was wir alle sehen können, ist, dass zumeist das Bemühen um die Kenntnis und das Verständnis des Menschen, den wir zu führen haben, sich auf äußere Rahmenbedingungen beschränkt.

Schöne Beispiele für die soziale und emotionale Ignoranz sind letztlich immer die, die am lautesten genau das Gegenteil für sich reklamieren.

Diese Heerschar von Frauenbeauftragten, Anti-Mobbing-Stellen oder auch offenen Gesprächskreisen mit Führungskräften sind häufig Makulatur – auch wenn diese Pöstchen oder Institutionen mit bester Absicht geschaffen wurden. Man merkt die Absicht und ist verstimmt!

> **Wenn Sie Menschen *führen* wollen,**
> **müssen Sie sich darum bemühen,**
> **den Menschen zu *kennen*!**

4. Partner-Instrument

Seien Sie überraschend!

Als Führungskraft sind Sie Nahtstelle für den Mitarbeiter zwischen dem Erleben seiner abhängigen Arbeitswelt und seiner – häufig vermeintlich – unabhängigen privaten Welt. Insbesondere wenn Sie z. B. durch die Art Ihrer Führungsaufgabe oder durch die Größe Ihrer Abteilung sehr nahe an Ihren Mitarbeitern im Tagesgeschäft dran sind, werden Sie immer der Punkt sein, an dem sich das subjektive und objektive Erleben seiner Arbeitswelt kulminieren. Sie sind es, der die Gehaltserhöhung ausspricht. Sie sind es, der die Rückstufung in eine andere Einkommensgruppe mitteilt. Sie sind derjenige, der aus dem Füllhorn der Benefits den neuen Dienstwagen hervorzaubert. Kurzum, das Erleben des Unternehmens durch den Mitarbeiter personalisiert sich häufig in *seiner* Führungskraft. Sie sind Dreh- und Angelpunkt des Bildes, das Ihr Mitarbeiter von seinem Unternehmen hat.

Da aber die meisten Führungskräfte – insbesondere Verkaufsführungskräfte – in dieser Situation sich immer irgendwo zwischen Baum und Borke wähnen, entsteht ein tödliches Gift: die Routine.

Der Markt, die Produktion, die Werbung, alles wird von der treibenden Kraft der Veränderung getragen. Nur das persönliche Verhalten der Führungskraft erstarrt in einem statischen, paralysierten Auftreten. Die meisten Führungskräfte scheinen sich damit zufrieden zu geben, dass ja „Bewegung in dem Laden" ist – warum dann bitteschön sich selbst bewegen?

Vordergründig wird solchen Überlegungen sofort mit dem Argument der Verlässlichkeit, der Kontinuität begegnet. So soll es auch sein! Als Führungskraft müssen Sie Verlässlichkeit zeigen und Kontinuität in der Zielverfolgung beweisen. Wenn aber der Mensch in Ihnen gesehen wird, wollen die *Menschen* Mitarbeiter in Ihnen das sehen, was Leben ausmacht: das Wachsen, das Verändern und das Sich-entwickeln. Leider beschränken sich diese Demonstrationen der *Lebendigkeit* von Führungskräften allzu häufig auf eine neue Krawatte oder bei den ganz „Wilden" auf den Umstieg auf einen neuen Haarschnitt – der Gipfel ist dann die Urlaubsrückkehr mit Bart/ohne Bart!

Wenn Sie zeigen, dass Sie sich verändern können und wollen – weil es die natürlichste Sache des Lebens ist, setzen Sie einen Impuls, dessen Wert unermesslich für den Erfolg und die zugrunde liegende Motivation Ihrer Verkäufer ist:

> **Sie zeigen Kreativität und**
> **fordern zum Kreativsein auf!**

Zeigen Sie Ihren Mitarbeitern stets, dass Sie im Rahmen der momentan geltenden Regeln Ihrer Zusammenarbeit immer schon auf das Neue schauen. Selbst die älteste Dienstanweisung ist vergänglich, der Erfolg von gestern kann morgen wertlos sein.

Es wirkt lächerlich, wenn Sie sich zum wankelmütigen, orientierungslosen Spielball von Launen machen.

Auch wenn es in Marketingabteilungen zum guten Ton gehört: Jede Woche eine neue schrille Krawatte zu präsentieren hat nichts mit Überraschung zu tun, sondern ist Routine in Reinform.

Zeigen Sie, dass Sie ein Voraus-Denker sind! Zeigen Sie, dass Sie bereit sind, den Weg der Veränderungen, des Wandels zu gehen!

Auch das ist eine durchaus ganz alltäglich einzusetzende Qualität, die Sie als Führungskraft nicht genug pflegen können. Sie haben die Alternative, das, was die Spatzen des Marktes längst von den Dächern pfeifen, als *neu* vorzustellen, oder aber, Sie lösen Staunen und interessierte Spannung bei Ihren Mitarbeitern aus, wenn Sie zeigen, dass Sie den Markt von morgen ein wenig genauer sehen als viele andere. Das **Partner-Instrument der Überraschung** ist die Nahtstelle zwischen faktischen, durch das Unternehmen, den Markt, die Umwelt vorgegebenen Bedingungen und den Personen, die damit umgehen, leben müssen.

Wenn Sie den Dämmerschlaf der Kontinuität vermeiden wollen und stattdessen ein Potenzial an Kreativität und Begierde auf das Neue freisetzen wollen, dann überraschen Sie! Zeigen Sie, dass das eherne Gesetz der Beständigkeit des Wandels für Sie Aufgabe ist und nicht nur notwendiges, Stress produzierendes Übel.

Schlussbemerkung für Ihren Start

Der Versuch, andere zu motivieren, wird immer eine abenteuerliche Reise mit Unwägbarkeiten, Unsicherheiten und den üblichen mit jeder Arbeit verbundenen Rückschlägen sein.

Seien Sie jedoch versichert, dass die Risiken und Ungenauigkeiten, denen Sie sich und Ihre Mitarbeiter aussetzen, wenn Sie deren Motivation zur Nebensache oder zur Sache *bezahlter Entertainer* machen, um ein Vielfaches größer sind.

Geben Sie das Steuer für einen wesentlichen Bestandteil des Erfolges Ihrer Mitarbeiter und Ihres eigenen Erfolges nicht aus der Hand. Vermeiden Sie das *versteckte Delegieren* dieser zentralen Führungsaufgabe. Wenn Sie das Bemühen um motivierte Verkäufer zur Aufgabe anderer Personen oder Abteilungen machen, bringen Sie sich um ein gutes Stück Führungskompetenz.

Schenken Sie dem *Realo*-Anteil bei Ihren Überlegungen und Aktivitäten zur Motivation Ihrer Mitarbeiter große Aufmerksamkeit. Natürlich hat auch *tantrisches Teebeutel-Schweben* bei entsprechend gutgläubiger Betrachtung irgendeinen *motivierenden* Einfluss auf Ihre Mitarbeiter. Nur, Hand aufs Herz, wie viel von solchen ausgelagerten Motivationsmaßnahmen sind in ihrer Wirkung noch durch Sie als Führungskraft steuerbar?

Machen Sie das Anliegen Motivation in Ihrer Arbeit zu einem *realen*, zu einem *realistischen* Bestandteil Ihrer Führungsarbeit.

Achten Sie konsequent darauf, dass dieses Realo-Netz der Motivation sich immer dichter durch Ihren Verantwortungsbereich spannt. Achten Sie darauf, dass dieses Netz immer engmaschiger wird.

Und vor allem: Beginnen Sie damit!

Empfehlungen, die Sie morgen bereits umsetzen können:

- Geben Sie Dingen, die Demotivation verhindern, Vorrang vor vermeintlich heilbringenden Happenings und bunten Abenden auf den Seychellen.

- Machen Sie sich nicht zum Motivator – das wird immer der Ritter von der traurigen Gestalt sein –, sondern machen Sie sich zu demjenigen, der Motivation zulässt und fördert.

- Versuchen Sie, die Menschen, mit denen Sie arbeiten, zu erreichen, statt Personalgespräche zu führen.

- Zeigen Sie sich überraschend! Sparen Sie sich Ihre Verlässlichkeit für Dinge auf, wo sie notwendig ist, wo sie gebraucht wird.

- Setzen Sie alles daran, den *Menschen* Mitarbeiter zu kennen und zu erkennen. Es gibt kaum ein stärkeres motivierendes Signal für andere als das Gefühl, dass Sie sich um sie bemühen.

- Machen Sie das Schaffen von Rahmenbedingungen für motivierende Einflüsse zum festen Bestandteil Ihrer Planungsarbeit.

- Bauen Sie ein *Netzwerk* an Gleichgesinnten unter Ihren Mitarbeitern auf – lassen Sie die Flamme der Begeisterung lodern.

- Suchen Sie die Größe in Ihren Mitarbeitern und führen Sie ihnen diese vor Augen – das ist Motivationsdoping in Reinform.

- Setzen Sie alle Anstrengung daran, menschlich zu führen – Sie führen Menschen.

Der Autor

Peter Vondra

Gesundheitsmanagement für Verkaufsleiter – Erfolgsfaktor Gesundheit

Peter Vondra ist Trainer und Sportthera- peut. Die Schwerpunkte seiner Tätigkeit liegen in den Bereichen Betriebliches Gesundheitswesen und Fitnesscoaching für Manager/Unternehmer. Im Rahmen seiner langjährigen Zusammenarbeit mit bundes- deutschen Unternehmen hat er sich als „Der Fitness-Coach" einen Namen gemacht.

Gesundheitsmanagement für Verkaufsleiter – Erfolgsfaktor Gesundheit

1. Einige Gedanken zur Gesundheit und Leistungsfähigkeit

Die Tatsache, dass Sie diesen Beitrag lesen, zeigt Ihr Interesse am Thema Gesundheit. Doch was ist Gesundheit eigentlich? Bedeutet Gesundheit nur, mehr vegetarisch zu essen, zehn statt zwanzig Zigaretten zu rauchen, jede Woche 120 Kilometer zu joggen oder regelmäßig Entspannungsübungen durchzuführen? Eine allgemein gültige und anerkannte Definition von Gesundheit gibt die WHO (Weltgesundheitsorganisation) in ihrer Ottawa-Charta:

> **„Gesundheit ist der Zustand des völligen**
>
> **körperlichen,**
>
> **geistigen und**
>
> **sozialen**
>
> **Wohlbefindens und nicht nur**
> **das Freisein von Krankheit und Gebrechen.“**

Ein Blick auf diese Definition von Gesundheit zeigt, dass sie sich auf alle Ebenen unseres Lebens erstreckt. Diese ganzheitliche Betrachtungsweise unterscheidet sich damit wesentlich von den vielen rein körperlichen Gesundheitsbegriffen. Hier wird der Mensch als ein Individuum mit seinen körperlichen, seelisch-geistigen und sozialen Bedürfnissen verstanden. In diesem Sinne sollten wir also eine Balance zwischen Körper, Geist und unserem sozialen Umfeld anstreben. Es wird aber auch klar, dass sich diese drei Bereiche gegenseitig beeinflussen. So kann eine Störung in einem Bereich auch Auswirkungen auf einen der anderen Bereiche haben. Dies sehen wir häufig bei Führungskräften und Mitarbeitern im Verkauf. Oft wird durch den Stress in der Arbeitswelt das private, soziale Umfeld vernachlässigt.

Natürlich fließen die drei Bereiche in der Praxis, im wirklichen Leben, ineinander über. Die plakative Trennung ist nur theoretisch im Modell möglich, aber für das Verständnis sehr wichtig.

Einigen ist die WHO-Definition zu anspruchsvoll, scheint doch kein Verkaufsleiter unter uns nach der WHO ganz gesund zu sein. Irgendeine „Behinderung" finden wir immer, jeder von uns in einem anderen Bereich. Aber genau die Abkehr vom Schwarzweiß-Denken, eine wirklich differenzierte Betrachtungsweise, ist die Voraussetzung für eine Verhaltensänderung in puncto Gesundheit, Wohlbefinden und Leistungsfähigkeit.

2. Wie kann diese Definition/Erkenntnis in Management und Vertrieb zum Leben erweckt werden?

Hier ein ergonomischer Stuhl, da eine Bewegungspause im Seminar, dort eine Rückenschule. Alles schön und gut, aber mittlerweile ist uns klar: Das sind Feigenblätter, ein paar Tropfen auf den heißen Stein. Allenfalls zur Imagewerbung oder Öffentlichkeitsarbeit geeignet.

Ein Verkaufsleiter erzählte mir einmal, er habe jetzt endlich einen nach neuesten ergonomischen Erkenntnissen konstruierten Bürostuhl bekommen. Nach kurzem stellte er aber fest, dass ihm dieser gar nicht so viel brachte, da er eigentlich 80 % seiner Arbeitszeit außerhalb seines Büros in Meetings, Konferenzen und im Auto verbringt. Dort musste er mit den teilweise miserablen Besprechungsraumstühlen vorlieb nehmen.

Die Gesundheit, das Gesundheitsmanagement, die Gesundheitsförderung, wie auch immer wir es nennen, muss in die Unternehmenskultur integriert werden. Sie muss zu einem Thema im Unternehmen als auch bei den Mitarbeitern werden, sowohl im beruflichen wie im privaten Kreis. Die positiven Auswirkungen erreichen wir nur, wenn das Management mit der Verkaufs-/Vertriebsleitung die Bemühungen um die Gesundheit unterstützt. Zum einen durch eigenes, vorgelebtes, also glaubwürdiges Verhalten. Zum anderen durch die Schaffung der betrieblichen Rahmenbedingungen. Installieren Sie eigene Programme zur Gesundheitsförderung. Das Ziel ist, die Mitarbeiter zu mehr Eigenverantwortung für sich und ihre Gesundheit anzuleiten.

3. Was kann der Verkaufsleiter für sich selber tun? – Persönliches Gesundheitsmanagement

Manchmal zwickt es hie und da. Vielleicht machen sich schon die ersten Ohrgeräusche bemerkbar. „Neulich erlag ein ehemaliger, gleichaltriger Berufskollege aus der früheren Firma seinem zweiten Herzinfarkt", und so weiter und so weiter. Den meisten von uns gehen oft ähnliche Gedanken durch den Kopf. Das gibt zu denken. Schon an der ersten Straßenecke ging uns die Puste aus, als wir unserem Hund mal hinterherlaufen mussten. Außerdem bemerken wir, am Abend Müdigkeit und Schlaffheit. Irgendwie haben wir die Belastungen früher doch besser weggesteckt. Selbst zu Hause reagieren wir schon eher gereizt. Die Stimmung in der Familie sinkt. Die ersten Probleme sind vorprogrammiert.

Wenn du nicht aufpasst, bringt dein Erfolg dich noch um!

Für den beruflichen Erfolg zahlen viele Menschen einen hohen Preis. Einen zu hohen Preis, wie wir meinen. Verkaufsleiter zu sein, eine Führungskraft eben, macht oft krank. Wie ein Spitzensportler müssen Sie ständig in Topform sein – mental genauso wie körperlich. Ständig unter Hochdruck! Sie stehen unter Stress.

Dabei kann Stress auch etwas Positives sein, so genannter Eustress. Wie Sie vielleicht schon bei sich selbst erlebt haben, besteht ein direkter Zusammenhang zwischen Stress und Leistung. Bei spontanen, kürzeren Belastungen reagiert der Körper mit Anpassung an die momentane Situation. Unter anderem wissen wir heute, dass Stress bis zu einem gewissen Maß eine Leistungssteigerung mit sich bringt. Viele von uns beobachten, dass sie manche Leistungen nur bringen, wenn ein gewisser „Druck" vorhanden ist. Es kommt dabei zu einer verstärkten Ausschüttung von Hormonen, der so genannten Hyperaktivierung. Sie dient der momentanen, situationsangepassten Leistungssteigerung. Bestes Beispiel ist das „Verliebtsein". Zu welchen „Leistungen" sind wir doch in diesem Zustand fähig!

Ist aber ein gewisser Punkt erreicht, der bei jedem Menschen natürlich verschieden ist, wächst die Leistungskraft nicht mehr parallel zum Stress. Die Kompensation über körperlichen und psychischen Ausgleich wird nicht genutzt. Die Leistungsfähigkeit sinkt schließlich ab, was mit mentalem, emotionalem und körperlichem Verschleiß verbunden ist. Dies merkt jetzt auch das Umfeld. Es kommt zum „Burn-out" – Ausgebranntsein – einer völligen Verausgabung der Kräfte bis hin zur totalen Erschöpfung. Der Grad der Erschöpfung und die Symptome sind so verschieden wie wir Menschen.

Dies geschieht, wenn die spontanen, kürzeren Stressbelastungen in so kurzen Zeitabständen aufeinander folgen, dass der Körper nicht mehr zur Ruhe kommt. Der Eustress wird zum Distress, man ist unfähig zu entspannen, kann nicht mehr abschalten.

Eine Untersuchung mit mehr als 12.000 deutschen Führungskräften brachte folgendes zutage:

Vegetative Beschwerden: (darunter fallen: Herzrhythmusstörungen, Reizmagen, Schlafstörungen etc.)	85 %
Überhöhter Cholesterinspiegel:	75 %
Rückenschmerzen:	73 %
Übergewicht:	38 %
Rauchen:	20 %
Bluthochdruck: (begünstigt Schlaganfall und Herzinfarkt)	15 %

Es ist die psychosoziale Überbeanspruchung, die nicht kompensiert wird und krank macht. Gerade Sie als Verkaufsleiter sind ständig einem ungeheuren Druck ausgesetzt. Da sind auf der einen Seite die hohen beruflichen Anforderungen, die tagtäglich an Sie gestellt werden. Auf der anderen Seite die gesellschaftlichen Verpflichtungen, die nicht vernachlässigt werden dürfen, will man auf Dauer Erfolg haben. Dann ist da natürlich noch Ihre Familie, für die Sie ebenfalls Zeit und ein offenes Ohr haben müssen. Und mit Freunden sollte man schließlich auch noch was unternehmen.

Steht ein Mensch unter permanenter Belastung, entstehen durch die hyperaktive Hormonausschüttung im Körper Abfallprodukte und Schlackenstoffe. Sie können nur sehr schwer abgebaut werden. Dazu kommt die einseitige körperliche Beanspruchung, wie überwiegend sitzende Tätigkeiten, anstrengende Geschäftsreisen – immer häufiger gepaart mit zu wenig Schlaf.

Sich einschleichende falsche Lebensgewohnheiten wie ungesunde Ernährung, zu wenig Bewegung, steigender Koffein-, Nikotin- und oft auch Alkoholkonsum tun ein Übriges.

Die Folgen sind, wie oben in der Untersuchung aufgezeigt, Bluthochdruck, Übergewicht bis hin zur Fettleibigkeit, Herzerkrankungen, Schlafstörungen und fehlende Abwehrstoffe. Dauernde, ununterbrochene berufliche Belastung führt – wenn sie nicht abgebaut werden kann – früher oder später zu ernsthaften gesundheitlichen Schädigungen und einer deutlichen Abnahme der persönlichen Leistungsfähigkeit.

3.1 Abbauen JA, aber WIE?

Weder Ihre Mitarbeiter noch Ihre Partnerin lassen sich auf Dauer als Blitzableiter missbrauchen. Da bieten sich viel besser körperliche Aktivitäten, mentale Techniken und eine Veränderung der Ernährungsweise an, will man nicht Schaden an Körper und Seele erleiden.

Zusammenfassend können wir sagen: Die berufliche Belastung an sich ist weder gut noch schlecht. Es kommt nur darauf an, wie wir mit ihr umgehen. Ob wir die täglichen Anforderungen in den Griff bekommen oder ob wir sie zu Dauerbelastungen eskalieren lassen.

Wir müssen lernen, uns zu ändern. Gesundheit ist heute mehr denn je das Ergebnis der Entscheidung, wie ich mein Leben führen will.
Um den täglichen Belastungen begegnen können, sollten wir uns mit den vier Ausgleichsfaktoren vertraut machen:

☺ Autonomie
Sie ist die Fähigkeit, zu entscheiden, wie ich leben will. Menschen, die autonom sind, stehen viele Wahlmöglichkeiten offen. Sie können so ihr Leben weitgehend selbst bestimmen. Sie sind bei einem großen Teil ihres täglichen Tuns davon überzeugt, Ihren beruflichen und privaten Zielen näher zu kommen.

☺ Rückhalt

Menschen mit gutem sozialen Rückhalt können sich darauf verlassen, dass sie zu Hause und im Beruf feste, positive Beziehungen haben. Sie leben im Einklang mit ihrer Umgebung. Der Rückhalt ist aber nicht ein Umstand, der uns einfach zugeflogen kommt, sondern für den wir etwas tun müssen, den wir uns erst aufbauen müssen.

☺ Perspektive

Es geht dabei um den Sinn unseres Lebens – um unsere Vision, unser Ziel, das unser Handeln bestimmt. Nur wenn wir eine klare Perspektive haben, können wir wirklich kreativ, produktiv und erfüllend tätig sein.

☺ Spannkraft

Also Körpergefühl, Energieniveau, körperliches Wohlbefinden und äußere Erscheinung. Damit eng verbunden ist die Ausstrahlung. Gehen wir zum Beispiel mit einem völligen körperlichen Wohlgefühl energiegeladen in ein Verkaufsgespräch, haben wir allein dadurch schon eine positive Ausstrahlung und können besser verhandeln.

Diese vier Faktoren stehen in engem Bezug zueinander. Verliert man in einem Sektor die Balance, kommen bald die anderen ins Schwanken. Dieses Beziehungsgeflecht ermöglicht es uns aber genauso, über einen Faktor die anderen drei positiv zu beeinflussen.

> **Wählen wir also den Sektor aus,
> der am leichtesten zu beeinflussen ist:
> die Spannkraft.**

Je besser das körperliche Leistungsvermögen ist, umso größer sind in der Regel auch die geistige Leistungsfähigkeit, die Stressstabilität, die nervliche Spannkraft und damit die gesamte Leistungsfähigkeit. Der erste Schritt zur besseren Bewältigung der beruflichen Belastung ist die Herstellung der körperlichen Spannkraft. Denn mehr Spannkraft hilft Ihnen, auch die anderen schwächenden Faktoren wieder in Balance zu bringen.

> ## Beginnen Sie mit einem Bewegungsprogramm und ernähren Sie sich vernünftig.

Die Einsicht, dass wir unsere Lebensgewohnheiten ändern sollten, ist ein wichtiger Schritt. Aber eingesehen haben wir fast schon alle, dass es besser für uns wäre, wenn wir uns mehr bewegen würden, wenn wir uns vernünftiger ernähren würden, wenn wir das Rauchen aufgeben würden, wenn..., wenn... wenn nur das Wörtchen „wenn" nicht wäre...

Gerade Sie als Verkaufsleiter, der jeden Tag versucht, seine Mitarbeiter zu neuem Verhalten anzuregen, wissen, dass Verhaltensänderungen kein Kinderspiel sind. So gilt es täglich, ja fast stündlich, den „inneren Schweinehund" zu überlisten.

Betrachten wir einige Herausforderungen auf dem Weg zu Ihrem neuen Leben. Nicht am nächsten Fastfood-Stand eine Portion Pommes reinschlingen! Den angebotenen Drink ablehnen! Die Zigaretten in der Tasche lassen! Nicht sich am Abend immer vor den Fernseher setzen!

All das sind die Herausforderungen auf dem Weg zu Ihrem neuen Leben. Die wenigsten Menschen schaffen dies auf Anhieb und alleine. Hier ist professionelle Hilfe wichtig. Dazu gehört bei gravierenden Veränderungen in der Lebensweise (z. B. Beginn einer Sportart) ein medizinischer Check-up. Unabhängig davon können Sie mit kleinen Veränderungen SOFORT beginnen:

3.2 Ernährung

Die Ernährung ist jeden Tag aufs Neue ein leistungsbestimmender Faktor. Hier einige grundlegende Veränderungen, die Sie unbedingt vornehmen sollten:

- Verringern Sie den Konsum der Genussmittel Koffein, Nikotin und Alkohol. Steigen Sie um auf gesunde Teesorten (Grüner Tee, Kräuter-Tee,

Rooibos-Tee u. a.) Trinken Sie vermehrt stille Mineralwässer, eventuell im Mix mit Fruchtsäften. Versuchen Sie doch mal, die eine oder andere Zigarette mit einem Stückchen Obst zu tauschen. Sie werden spüren, Sie gehen mit mehr Energie ins nächste Gespräch.

■ Planen Sie Ihren Tagesablauf so, dass Sie zu fünf ausgewogenen Mahlzeiten kommen. Dazu gehört ebenfalls die Vor- und Zubereitung der mitgenommenen Speisen zu Hause.

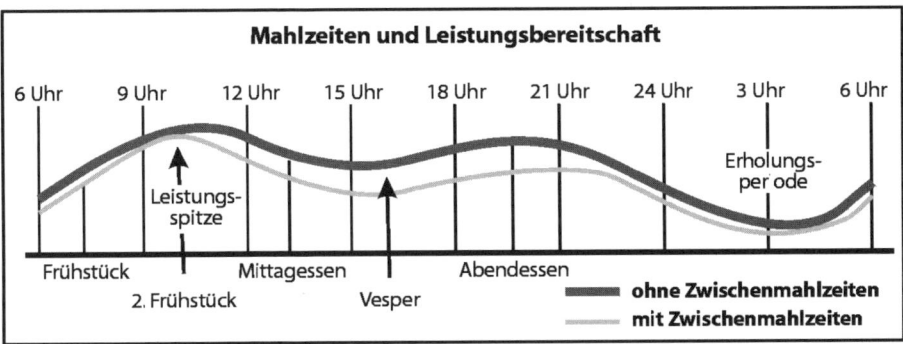

■ Steigen Sie langsam um auf Vollwertkost mit einem hohen Anteil an Rohkost. Vollwertig zu essen bedeutet im Übrigen nicht, sich vegetarisch zu ernähren. Es wird nur weniger Fleisch als in der herkömmlichen Ernährung verwendet.

■ Achten Sie auf Ihren Flüssigkeitshaushalt. Zwei bis drei Liter gesunde (siehe oben) Flüssigkeit pro Tag müssen sein. Jede einzelne Zelle in unserem Körper braucht Flüssigkeit, sonst sind viele Stoffwechselvorgänge behindert. Langfristig würde dies erhebliche Leistungsminderung bedeuten. Kaffee und Schwarztee schwemmen viel Flüssigkeit aus dem Körper. Um dies auszugleichen, halten Sie es wie die Südländer und trinken zu jeder Tasse ein Glas Wasser.

3.3 Bewegung

Durch körperliche Aktivität sind die alltäglichen hohen Belastungen in Ihrem Job besser zu bewältigen!

**Auf das Tun kommt es an,
nicht auf das Reden.**

Im Alltag fehlt eben oft dieser kleine Anstoß, in der freien Zeit oder eingebaut in den Arbeitsablauf etwas für sich und seine Gesundheit zu tun. Im Folgenden bekommen Sie ein kleines Einsteiger-Trainings- oder besser gesagt Bewegungs-programm an die Hand, mit dem Sie sofort beginnen können. Das Bewegungs-programm hat einen geringen Zeitaufwand. Es sind einfache, für jeden ohne vorherigen medizinischen Check-up durchführbare Übungen. Sie garantieren aber, bei regelmäßiger, konsequenter und täglicher Anwendung eine optimale Fitness im Verkaufsalltag. Sie brauchen keine spezielle Kleidung. Es sind keine aufwendigen Geräte notwendig und Sie können sie überall durchführen. Sogar während der Pause auf dem Rastplatz. Sie werden sehen, wie einfach es ist, fit zu werden und zu bleiben. Wie man mit simplen Mitteln schon einen ein-drucksvollen Effekt erreichen kann. Setzen Sie Ihren guten Vorsatz am besten gleich in die Tat um und probieren die jeweilige Übung gleich nach dem Durchlesen aus. Auf geht's!

◼ Treppensteigen

Ab sofort sind Aufzüge tabu. Benutzen Sie sowohl im eigenen Haus, als auch beim Kunden die Treppe. Nutzen Sie Treppensteigen als Trainingsprogramm, so gehen Sie zweimal zügig hintereinander über drei Stockwerke nach oben. Der Weg nach unten dient als Erholungsphase. Allein diese Übung verbessert primär Ihre Herz-Kreislauf-Funktion und stärkt sekundär Ihren Bewegungsap-parat. Schon bald wird es Ihnen wie einem unserer Klienten ergehen, der seine Erfahrung mit dem Treppensteigen folgendermaßen schildert:

„Die Besprechung sollte im vierten Stockwerk stattfinden. Obwohl der Weg per Pedes etwas mehr Zeit in Anspruch nahm, benutzte ich die Treppe. Auf dem Weg nach oben ging ich meine geplante Gesprächstaktik in den Grundzügen noch einmal durch. Bevor ich mich versah, war ich im vierten Stock angekommen.

Ich konnte fühlen, wie das Blut durch meine Ader floß. Jede Faser meines Körper war mit Sauerstoff und Nährstoffen versorgt, ich war energiegeladen und bestens auf die Besprechung eingestimmt."

◼ Schulterkreisen

Kreisen Sie mit beiden Schultern vorwärts und rückwärts im Wechsel, jeweils zehn Mal. Ihre Arme lassen Sie dabei locker hängen. Diese Übung sollte intensiv und bewusst gemacht werden, d. h., versuchen Sie, Ihre Muskeln zu erspüren, während Sie die Übung durchführen. Fokussieren Sie sich auf die Bewegung.

Die Wirkung dieser Übung betrifft den gesamten Nackenbereich sowie die Schulterblattmuskulatur. Gerade bei den „Schreibtischtätern" ein kritischer Bereich. Sehr gut geeignet als Bewegungspause bei längeren Autofahrten und auch mal im Auto bei einem Stopp an einer roten Ampel oder im Stau sehr gut durchzuführen. Führen Sie drei Durchgänge mit jeweils zehn Wiederholungen durch.

■ Schulterheben

Heben Sie abwechselnd die linke und die rechte Schulter, wobei die Schulter so hoch wie möglich angehoben werden sollte. Führen Sie jeweils zehn Wiederholungen durch. Das Ganze ebenfalls mit drei Durchgängen. Diese Übung dient zur Lockerung des gesamten Schultergürtels.

■ Beckenrollen

Setzen Sie sich auf Ihrem Stuhl auf die Vorderkante, nehmen Sie eine gerade Haltung ein, d. h., strecken Sie die Wirbelsäule, sodass Sie aufrecht sitzen. Nun rollen Sie Ihr Becken vor und zurück. Achten Sie dabei darauf, dass sich nur Ihr Becken vor und zurück bewegt und Sie ansonsten mit Ihrem Oberkörper gerade bleiben. Führen Sie wieder drei Durchgänge mit zehn Wiederholungen durch.

Diese Übung mobilisiert den Bereich Becken/Lendenwirbelsäule. Leichte Beschwerden in dem unteren Bereich der Wirbelsäule können Sie damit vielleicht schon lindern.

■ Rumpfseitbeuge

Für diese Übung gehen Sie bitte in den Stand. Grätschen Sie die Beine, wobei die Knie ganz leicht angewinkelt („entriegelt") sind. Die Arme verschränken Sie hinter dem Kopf, achten dabei aber darauf, den Kopf nicht nach vorne zu drücken. Jetzt beugen Sie den Oberkörper abwechselnd zur rechten und linken Seite. Halten Sie dabei Ihre Bauchmuskeln leicht unter Spannung.

Die primäre Wirkung betrifft die Wirbelsäulen- und seitliche Rumpfmuskulatur, die sekundäre die Gesäß- und etwas die Oberschenkelmuskulatur.

Wichtig ist bei allen Übungen, dass sie bewusst und intensiv ausgeführt werden. Intensiv bedeutet dabei nicht schnell oder ruckartig, sondern bis zum vollen Bewegungsausschlag. Natürlich nur soweit die Bewegung als angenehm empfunden wird. Es dürfen niemals Schmerzen auftreten. Ist dies doch einmal der Fall, liegt bereits eine Störung im Bewegungsapparat vor, und Sie sollten einen Arzt aufsuchen.

Sie werden überrascht sein, wie schnell sich der Körper, vor allem anfangs, den neuen Anforderungen anpasst. Es stellten sich sehr bald ein gesteigertes Wohlbefinden und bessere Leistungsfähigkeit ein.

3.4 Entspannung

Neben der vernünftigen Ernährung und Bewegung finden wir es wichtig, dass Sie mindestens eine Entspannungstechnik beherrschen. Methoden gibt es viele. Leider, oder Gott sei Dank, kommt nicht jeder Mensch mit jeder zurecht. Dazu sind wir individuell zu verschieden. Sie müssen also mehrere Techniken kennen lernen und sich für diejenige entscheiden, die Ihrer Persönlichkeit und Mentalität am besten entspricht. Um Ihnen einen Überblick zu verschaffen, geben wir Ihnen eine kleine Aufzählung an die Hand, die natürlich keinen Anspruch auf Vollständigkeit erhebt:

Autogenes Training: Das wohl bekannteste Entspannungsverfahren. Hier wird hauptsächlich mit Autosuggestionen gearbeitet.

Progressive Muskelentspannung nach Jakobson: Jakobson nutzt die Entspannung im Muskel, die nach einer isometrischen Anspannung folgt. Der Wechsel von Anspannung und Entspannung ist nebenbei sehr gut geeignet, um sein Körpergefühl und Körperbewusstsein zu trainieren.

Yoga: Alte Gymnastikform aus Indien, die sowohl entspannende als auch kräftigende Elemente enthält.

Qi-Gong: Asiatische Gymnastikform mit Atemtechniken.

Tai-Chi-Chuan: Soll aus Qi-Gong entstanden sein. Enthält vor allem langsame, kontrollierte Bewegungen. Durch die völlige Konzentration und das Aufgehen in der Bewegung kommt die Entspannung.

Feldenkrais: Hervorragend geeignet, um das Körperbewusstsein zu entwickeln, neue Bewegungsmöglichkeiten zu erfahren, Verspannungen bewusst zu machen und zu beseitigen. Motto: Bewusstheit durch Bewegung.

Abschließend wieder ein sofort umsetzbarer Tipp, wie Sie selber gleich starten können: Spüren Sie Ihren Atem. Egal ob Sie jetzt gerade sitzen oder liegen, wenn Sie diese Zeilen lesen. Versuchen Sie, Ihren Atem zu spüren. Ändern Sie nichts, registrieren Sie nur. Spüren Sie das gleichmäßige Ein- und Ausatmen? Geht die Atmung eher schnell oder langsam? Wie ist die Luft beim Einatmen, leicht kühl und frisch oder eher warm? Was bewegt sich bei Ihrer Atembewegung? Eher Ihr Bauchraum oder der Brustkorb? Wie tief ist Ihre Atmung? Genießen Sie die Gleichmäßigkeit des Einatmens, des Ausatmens. Wie hat sich Ihr Atemtempo mittlerweile verändert? Und jetzt fühlen Sie nur noch, wie Sie einatmen ... und ausatmen ... ein und aus ...

Aber nun kommen Sie langsam wieder zurück. Schenken Sie uns wieder Ihre Aufmerksamkeit. Wenn Sie diese kleine Übung jetzt durchgeführt haben, werden Sie bemerkt haben, dass alleine die Fokussierung auf die Atembewegung und das bewusste Wahrnehmen derselben eine sehr gute Entspannung bewirken. Mit so einer kleinen Technik können Sie sich – nach etwas Übung selbstverständlich – buchstäblich in Sekunden entspannen. Ein praktisches Beispiel: Sie haben einen Termin. Es steht ein Gespräch mit einem schwierigen Geschäftspartner an. Sie sind, aus welchen Gründen auch immer, etwas nervös und aufgeregt. Jetzt lässt dieser Mensch Sie auch noch warten. Statt sich über die Wartezeit zu ärgern oder die Minuten zu zählen, wenden Sie unsere obige kleine Atemtechnik an. So nutzen Sie die Zeit, gehen um einiges entspannter und damit selbstbewusster in das Verkaufsgespräch oder die Verhandlung.

Sie haben jetzt einige praktische Anleitungen bekommen, wie Sie selber ohne großen Aufwand starten können. Falls Sie daran Gefallen gefunden haben und sich weiterentwickeln wollen, begeben Sie sich in die Obhut eines Profis. Nehmen Sie sich einen persönlichen Fitnesscoach. Er wird Sie fachmännisch unterstützen, Ihre selbst gesteckten Ziele zu erreichen.

Eine andere Möglichkeit ist, sich einen Partner zu suchen, der ähnliche Ziele hat wie Sie. Die gegenseitige Unterstützung wird Ihnen helfen, sich zu motivieren.

Sehr aufschlussreich – fast eine Bestandsanalyse – ist eine gründliche Untersuchung bei einem Arzt. Sie erhalten die aktuellen Informationen über die bekannten Risikofaktoren. Wichtig sind hierbei vor allem der Cholesterinspiegel und der Blutdruck. Bei dieser Gelegenheit sollten Sie ebenso ein EKG (in Ruhe und unter Belastung) und die anstehenden Krebsvorsorgeuntersuchungen machen lassen.

Falls Sie hin und wieder Beruhigungstabletten, Beta-Blocker, Tranquilizer oder stimmungsaufhellende Medikamente nehmen, führen Sie Buch darüber. Ein Kreuzchen pro Pille in Ihrem Kalender genügt. Dann sehen Sie bald schwarz auf weiß, wieviele Tabletten Sie eigentlich nehmen. Manchmal ist man sich dessen gar nicht bewusst. Versuchen Sie, den Konsum einzuschränken, aber in dem Moment, in dem sich Ihre körperliche Spannkraft verbessert, werden Sie die Pillen bald nicht mehr brauchen.

Gehören Sie zu der schwindenden Zahl von Rauchern, gilt oben Gesagtes ebenso. Aber auch hier ist meist Unterstützung notwendig. Nehmen Sie professionelle Beratung in Anspruch, Sie werden sehen, es lohnt sich. Aber wer sich regelmäßig bewegt oder gar Sport treibt, braucht seine Sucht immer weniger und gibt sie bald ganz auf.

Bring dich auf Trab, doch nicht ins Grab!

Egal ob Bewegungs- oder Ernährungsprogramm, immer gilt: Nichts überstürzen. Man schadet dem Körper dabei mehr, als man ihm nützt. Fangen Sie langsam an. Steigern Sie allmählich das Tempo bzw. die Anzahl der Wiederholungen. Nur Kontinuität, Intensität und der vernünftige Aufbau bringen den gewünschten Trainingseffekt. Vielleicht sagen Sie jetzt: „Alles schön und gut, Sie haben mich überzeugt, ich bin eigentlich entschlossen, etwas für meine Gesundheit und Fitness zu tun, aber ich habe dafür einfach keine Zeit!"

Schauen Sie sich die Tipps doch noch einmal genau an. Fast alle Vorschläge sind mit minimalstem Zeitaufwand durchführbar. Das Mehr an Produktivität und Power, das Sie erhalten, führt dazu, dass Sie sich eigentlich Zeit sparen, da Sie viel effektiver und ausgeruhter arbeiten. Die Zeit dafür ist immer da. Was fehlt, ist oft der feste Wille. Da hilft es, sich in allen Einzelheiten vorzustellen, wo Sie hinwollen.

Visualisieren Sie Ihre Zielvorstellung. Halten Sie sich aber auch vor Augen, wie es sein wird, wenn Sie Ihr Ziel nicht erreichen. Nutzen Sie diesen Druck, um sich positiv für Ihre Ziele zu motivieren.

Ist Ihr Tagesablauf so unregelmäßig, dass Sie nicht zu festgesetzten Zeiten trainieren können, dann trainieren Sie eben, wenn es gerade passt. Legen Sie vorher ein Pensum fest, das Sie erreichen wollen. Am besten haben sich hier wöchentliche Pläne bewährt. Und nicht vergessen: Die Trainingsklamotten gehören nicht in den Schrank, sondern in den Kofferraum, dann gibt's eine Ausrede weniger.

Nun wissen Sie alle grundlegenden Faktoren, die nötig sind, die täglichen Belastungen, denen Sie begegnen, besser in den Griff zu bekommen. Wir hoffen, die nötige Entschlossenheit in Ihnen geweckt zu haben, Ihre guten Vorsätze in die Tat umzusetzen.

4. Was kann der Verkaufsleiter für seine Mannschaft tun? – Betriebliches Gesundheitsmanagement

Haben Sie selbst gute Erfahrungen mit dem Programm oder den Veränderungen hin zu einem gesünderen, erfüllteren und fitten Leben gemacht, sollten Sie einmal über Ihre Mitarbeiter nachdenken. Früher war man der Meinung, die Gesundheit gehört in den Privatbereich des Mitarbeiters. Dem ist mittlerweile nicht mehr so. In vielen Unternehmen hat man bereits erkannt, dass das Wohlbefinden der Mitarbeiter eine zentrale Rolle einnimmt. Heute investieren Firmen in die geistige und körperliche Fitness ihrer Mitarbeiter. Auch in Verkauf und Vertrieb macht sich die Erkenntnis breit, dass angesichts internationaler Konkurrenz die wirtschaftlichen Ergebnisse nur durch die Optimierung der internen Effizienz und Leistungsfähigkeit der Mitarbeiter erbracht werden können.

Die Führungskraft hat nicht nur die Verantwortung für sich selbst und das Unternehmen, sondern auch für die Mitarbeiter, die in diesem Unternehmen tätig sind. Mit der Übernahme der EU-Rahmenrichtlinien in Länderrecht sind sogar rechtlich verbindliche Rahmenbedingungen geschaffen worden. Bekanntestes Beispiel sind die Richtlinien für Bildschirmarbeitsplätze.

Die Belastungen des einzelnen in der Arbeitswelt haben in den letzten Jahren drastisch zugenommen. Der Umsatzdruck steigt jährlich. Immer wieder müssen Sie Ihre Vertriebsmannschaft auf veränderte Strukturen einstellen und aufs Neue motivieren. Die Situation am Markt ändert sich in immer kürzeren Abständen. Achtet man nicht auf ein sinnvolles Gesundheitsmanagement, kommt das Gleichgewicht zwischen Körper, Geist und Seele bei diesen besonderen Belastungen im Vertrieb schnell aus dem Gleichgewicht. Die negativen

Folgen – Einschränkungen am Bewegungsapparat, Herz-Kreislauf-System und Störungen des vegetativen Systems – sind bald spürbar, wie aus der obigen Untersuchung hervorgeht. Die täglich geforderte Höchstleistung kann nurmehr unter Anstrengung erbracht werden. Durch die reduzierte Leistungsfähigkeit erhöht sich aber der Arbeitsdruck. Ein wahrer Teufelskreis beginnt. Spätestens hier merkt oft der, dass Ihr Mitarbeiter sich gestresst fühlt.

Haben Sie schon einmal überlegt, ob in Ihrer Vertriebsmannschaft die nötigen geistig-mentalen und körperlichen Voraussetzungen vorhanden sind, um diese Herausforderungen mit Bravour meistern zu können? Als verantwortliche Führungskraft sollten Sie sich ein Bild von der psychischen und physischen Leistungskraft Ihrer Mitarbeiter machen. Das soziale Umfeld gehört genauso dazu. Entwickeln Sie mit fachlicher Unterstützung ein auf Ihre Vertriebsmannschaft zugeschnittenes Gesundheitsprogramm. **Vor Beginn sollte eine Bestandsanalyse stehen.** Falls für das Gesamtunternehmen bereits ein Gesundheitsbericht erstellt wurde, finden sich hierin die relevanten grundlegenden Daten. Ein Gesundheitsprogramm kann folgende Elemente enthalten:

- Screening-Maßnahmen:
  Blutdruck/Rauchen
  Cholesterin/Übergewicht
  Rücken/Fit-Check

- Kurse:
  Ernährung
  Gewichtsreduktion
  Arbeitsplatzbezogene Haltungs- und Bewegungsschulung
  Stressbewältigung/Entspannung

- Ergonomische Arbeitsplätze

- Gemeinsamer Sport

- Arbeitsplatzprogramme/Bewegungspausen

- Rückkehrgespräche

- Externe Fachkräfte: Fitnesscoaching

- Seminare für Führungskräfte

- Einsetzen von Gesundheitszirkeln

- Suchtmittelprävention

- Verbesserter Anwesenheitsprozess

- Zeitmanagement

Ein Gesundheitsprogramm sieht in jedem Unternehmen anders aus, da es auf die unterschiedlichen Anforderungen, Mentalitäten und Strukturen zugeschnitten werden muss. Allen gemeinsam ist die Tatsache, dass sie Geld sparen. Die Erfahrungen aus den letzten Jahren in Deutschland und den Vereinigten Staaten zeigen, dass jede Mark, die in die Gesundheit der Mitarbeiter investiert wird, drei Mark Ertrag bringt. Ein einziger Ausfalltag eines Ihrer guten Verkäufer kostet – alles mit eingerechnet – leicht eine vierstellige Summe. Hinzu kommt der nur schwer zu beziffernde Umsatzausfall. Für die systematische Investition in die Gesundheit der Mitarbeiter zahlen Sie weniger als die Kosten der krankheitsbedingten Ausfallzeiten.

Im Folgenden sehen Sie die positiven Effekte betrieblicher Gesundheitsförderung aus der Sicht des Verkaufleiters:

- Verbesserung der Kommunikation im Vertriebsteam

- Verbesserung der Produkt- bzw. Dienstleistungsqualität

- Rückgang der Fluktuation

- Erhöhung der Produktivität

- Verbesserung der Corporate Identity

■ Verbesserung des Unternehmensimages

■ Rückgang des Krankenstandes

Spätestens hier wird klar, was Gesundheitsmanagement eigentlich ist: Ein wichtiger Bestandteil der Personalentwicklung mit einem, in heutigen Zeiten sehr wichtigen, Aspekt der Kostenreduzierung. Außerdem sollte die Gesundheitsförderung ein Teil des Qualitätssicherungsprozesses sein.

Natürlich profitiert nicht nur die Verkaufsleitung von dem Gesundheitsmanagement, sondern in gleichem Maße die Verkäufer. Sie haben folgende Vorteile:

■ Verringerung von Arbeitsbelastungen

■ Verringerung von gesundheitlichen Beschwerden

■ Steigerung des Wohlbefindens

■ Verbesserung der Beziehungen zu Kollegen und Vorgesetzten

■ Mehr Freude bei der Arbeit

■ Verbesserung des Wissens und praktischer Fähigkeiten zu gesundem Verhalten in Freizeit und Betrieb

Auch hier gilt: Starten Sie sofort mit kleinen, leicht umsetzbaren Maßnahmen. Machen Sie doch aus der Pause beim Meeting eine Bewegungspause. Führen Sie mit Ihrer Vertriebsmannschaft die Übungen durch, die Sie gerade vorhin gelernt haben. Ersetzen Sie einen Teil der ungesunden Kost, die bei Besprechungen angeboten wird, durch vollwertige Snacks oder Obst. Achten Sie darauf, dass nicht nur Kaffee, sondern auch Tee, Fruchtsäfte und Mineralwasser angeboten werden. Dies alles können Sie bereits ohne fremde Hilfe initiieren.

Schon bald werden Sie, wie bei sich selbst, auch bei Ihren Mitarbeitern feststellen, dass sie sich wohler fühlen und damit eine ganz andere Ausstrahlung bekommen. Gerade im Vertrieb, wo Leistungswillen und die Fähigkeit zu kompetentem Handeln eng mit dem Wohlbefinden verknüpft sind, ist es sehr wichtig, dass Ihre Verkaufsmitarbeiter in Balance zwischen Körper, Geist und Seele leben. Gesunde, fitte Mitarbeiter im Vertrieb sind konzentrierte Gesprächspartner für Ihre Kunden. Sie besitzen eine positive Ausstrahlung und können mit belastenden Situationen gut umgehen.

Ausgleichsprogramm für Ihre Außendienstler:

■ Benutzen Sie die Treppe statt den Aufzug. Sie trainieren dadurch Ihr Herz-Kreislauf-System und sorgen für eine verbesserte Durchblutung auch Ihrer grauen Zellen was Ihnen beim Kundengespräch bestimmt zum Vorteil gereicht.

■ Wenn Sie auf Ihren Gesprächspartner warten müssen, brauchen Sie die von der Vorzimmerdame angebotene Sitzgelegenheit nicht unbedingt anzunehmen. Sie können ebenso stehen bleiben bzw. noch etwas umhergehen oder noch einmal kurz frische Luft schnappen.

■ Dasselbe auf dem Rastplatz: Verbringen Sie nicht die ganze Pausenzeit sitzend in der Raststätte oder gar im Auto. Gestalten Sie die Pause aktiv. Nutzen Sie das Areal des Rastplatzes für einen kurzen, aber flotten Spaziergang und führen Sie einige Übungen durch. Gut eignen sich die im vorigen Kapitel beschriebenen Bewegungsübungen Schulterkreisen, Schulterheben und Rumpfseitneigen in Kombination mit den folgenden Dehnübungen.

■ Stellen Sie sich vor einen Treppenabsatz, eine kleine Bank o. Ä. von circa 15 – 30 cm Höhe. Legen Sie nun ein Bein gestreckt nach vorne mit der Ferse auf diesen Absatz. Bewegen Sie den gestreckten Oberkörper gerade nach vorne über dieses Bein, bis Sie darin ein leichtes Ziehen im hinteren Oberschenkelbereich spüren. Das ist das Dehngefühl. Bleiben Sie in dieser Position für 20 – 30 sec. Das Dehngefühl sollte wirklich nur ein leichtes Ziehen sein, kein Schmerz. Führen Sie zwei bis drei Dehnungen pro Bein durch.

■ Sie stehen gerade in einer leichten Grätsche. Die Kniegelenke nicht nach hinten durchdrücken, sondern ganz leicht nach vorne schieben. Neigen Sie jetzt Ihren Kopf zu einer Seite, bis Sie auf der anderen Nacken- bzw. Halsseite das Dehngefühl, dieses leichte Ziehen spüren. Die Dehnung wieder 20 – 30 sec. halten. Ebenfalls zwei bis drei Mal auf jeder Seite.

■ Diese Übung können Sie wahlweise im Sitzen oder Stehen durchführen: Halten Sie Ihren Oberkörper aufrecht. Neigen Sie Ihren Kopf gerade nach vorne unten – das Kinn bewegt sich dabei auf das Brustbein zu, bis Sie die Dehnung in der hinteren Nacken- bzw. Halsmuskulatur spüren. Nicht vergessen: Nur bis zum leichten Ziehen und wieder zwei bis drei Durchgänge mit 20 – 30 sec.

Die letzten beiden Dehnungen helfen ungemein, die verspannte Nackenmuskulatur zu lösen.

Wie wäre es, wenn Sie diese Übungen und Tipps auf eine Karte drucken und sie jedem Verkäufer mit auf den Weg geben würden. Natürlich nachdem Sie sie beim nächsten Meeting vorgestellt, besprochen und gemeinsam einmal durchgeführt haben.

Falls Sie diese Ratschläge und Übungen durchführen, werden Sie und Ihre Mitarbeiter selber bald spüren, dass Sie mit viel mehr Energie und Wohlbefinden beim Kunden ankommen und Sie dadurch motivierter in die Verkaufgespräche gehen und letztendlich:

MEHR ERFOLG HABEN WERDEN!

Der Autor

Klaus-D. Wagner

Vertriebsentwicklung –
Erfolgsfaktor Mitarbeiterpotenzial

Klaus-D. Wagner, Jahrgang 1950, hat das Studium der Natur-, Wirtschafts- und Sozialwissenschaften als Diplom-Psychologe abgeschlossen und war seither als Vertriebs- und Fachführungskraft, Geschäftsführer, Trainer und Berater tätig. Ein Schwerpunkt seiner Arbeit liegt in der Vertriebsentwicklung. Von ihm wurde der NISOB – Personal-Basis-Test – entwickelt, ein Verfahren zur Bestimmung des Leistungs-, Karriere- und Entwicklungspotenzials, das mittlerweile bundesweit und im Ausland über 70.000-mal zum Einsatz gekommen ist.

Klaus-D. Wagner ist einer der Väter des Berufsbildes Fachberater/in im Außendienst – IHK.

1. Vertriebsentwicklung – Erfolgsfaktor ist und bleibt das Mitarbeiterpotenzial!

Dieser Beitrag behandelt eine der Kernaufgaben, der sich Vertriebs- und Firmenverantwortliche permanent stellen müssen: *Wie erhalte und verbessere ich die Leistungsfähigkeit der Verkaufsmannschaft?* Grundsätzliche Erkenntnisse, auch der modernen Wirtschaftspsychologie, stelle ich genauso vor wie Tipps und Vorschläge vor dem Hintergrund jahrelanger Erfahrung als Psychologe, Vertriebs- und Fachführungskraft, Geschäftsführer und als Trainer und Berater.

1.1 TQM, Shareholder Value, Change Management, Lean Management – was ist neu? Nichts ist neu!

Nichts ist neu, nichts hat sich für die Vertriebsführungskraft wesentlich geändert. Die Zahlen zählen nach wie vor – und nicht die Absichtserklärungen. Nur die Rahmenbedingungen sind enger, härter, zwingender geworden – aber das ist ja auch nichts Neues! Was haben uns Internationalisierung und Globalisierung gebracht? Was bedeutet TQM (Total Quality Management) für das Tagesgeschäft? Was heißt Change Management? Welche Auswirkungen hat der Shareholder Value? Diese Schlagworte bestimmen seit einigen Jahren die Diskussion – doch was heißt das für die Tagespraxis, was bedeutet das für Vertriebsverantwortliche, für Personalentwickler, für Führungsverantwortliche? Nichts besonders Neues! Was sich lediglich wesentlich geändert hat, ist der Faktor Zeit: Planungs- und Umsetzungszeiten werden kürzer, Produktlebenszyklen ebenfalls. Die Komplexität und Vernetzung steigt, die Abhängigkeiten und Wechselwirkungen zwischen einzelnen Prozessen werden komplexer und mehrdimensionaler. Der Druck ist gestiegen, die Entscheidungsunsicherheit erst recht, aber eines hat sich auf keinen Fall geändert: Für den Erfolg im eigenen Verantwortungsbereich und für die Erreichung der gesteckten Ziele benötigt man nach wie vor:

> 1. Gute Leute,
> 2. Gute Leute,
> 3. Gute Leute.

Jeder, der im Vertrieb und in der Kundenbetreuung Verantwortung hat, weiß das. Ob Außendienstmitarbeiter, Fachberater, Vertriebler oder Führungskräfte, ob Mitarbeiter/innen im Kundenservice, im Call Center oder Backoffice – hohe Motivation, gute fachliche Qualifikation, Einsatzfreude und Belastbarkeit und insbesondere eine gut entwickelte Sozialkompetenz sind zu jeder Zeit und an jeder Position erfolgsfördernd.

1.2 Kundenorientierung – Haltung im ganzen Unternehmen

Alles, was nachfolgend in erster Linie für den Vertriebsbereich formuliert ist, gilt selbstverständlich auch für die anderen Bereiche des Unternehmens in entsprechender Weise. Eine positive Marketinghaltung, Kunden- und Serviceorientierung oder Qualitätsbewusstsein können nicht nur für Teilbereiche gefordert werden. Diese Konzepte und Haltungen müssen das ganze Unternehmen erfassen.

Was nützt es, wenn der Außendienst einer Bausparkasse Bausparer gewonnen hat und der Anruf eines Bausparers bei der Sachbearbeitung z. B. wegen einer Kontoabfrage zu einer solchen Kundenfrustration führt, dass das Geschäft zum Wettbewerb getragen wird (denn Wettbewerber gibt es genug)? Was nützt es, wenn ein Büromöbelhersteller tolle Prospekte streut, die tatsächlich zu Kundenanfragen führen – und qualifizierte Angebote können nicht erstellt werden? Was nützen eine gute Maschine und ein einsatzfreudiger Außendienst, wenn die fristgerechte Lieferung nicht sichergestellt ist? Ursachenforschung und Fehleranalyse führen immer wieder zu zwei Fehlerquellen: Konzeptionelle Schwäche bei den Verantwortlichen und nicht ausreichend qualifizierte und motivierte Mitarbeiter/innen. In allen Bereichen des Unternehmens benötigt man neben einer Ausrichtung auf die Unternehmensziele und einer guten Organisation eben nach wie vor „gute Leute"!

2. Welche Schritte, was tun?

Wie erreicht man nun, dass sich beispielsweise in der Vertriebsmannschaft an allen Positionen die richtigen Menschen befinden? Dies geht nur über die folgenden Schritte:

1. Ein schlüssiges Konzept
2. Festlegung der Ziele
3. Festlegung der Anforderungen
4. Personalmarketing/Rekrutierungsstrategien
5. Treffsichere Auswahlentscheidung
6. Perfekte Integration und Einarbeitung
7. Gute Aus- und Weiterbildung
8. Systematische Förderung und Karriereentwicklung.

2.1 Ein schlüssiges Konzept

Theorie ohne Praxis ist Schaumschlägerei. Praxis ohne Theorie ist Gewurstel. Es ist schon deswegen notwendig, ein Konzept als „roten Faden" zu haben, um den Erfolg einzelner Schritte an einem übergeordneten Maßstab messen zu können. Außerdem ist ein Konzept im Sinne einer Festlegung von klar definierten einzelnen Arbeitsschritten unabdingbar, um alle Beteiligten an dem Prozess zu einheitlichem, zielorientiertem Handeln verpflichten zu können.

Wie umfangreich und detailliert ein Konzept ist, richtet sich nach der Aufgabenstellung. Mindestens aber müssen einzelne Schritte in ihrer logischen und zeitlichen Reihenfolge festgelegt, die Ziele dieser Schritte definiert sein und die Verantwortlichen benannt werden. Die grafische Darstellung in Form eines Ablaufdiagramms o. Ä. ist immer sinnvoll.

2.2 Festlegung der Ziele

Die Ziele (bzw. Teilziele für die einzelnen Arbeitsabschnitte) müssen eindeutig definiert sein, sodass Abweichungen oder Fehlentwicklungen früh erkannt werden können und die Möglichkeit zur Gegensteuerung besteht. Bei der Besetzung von Vertriebspositionen ist genau zu überlegen, was der zukünftige Stelleninhaber tun soll. Es ist ein großer Unterschied, ob in einem Verkaufssegment der Marktanteil durch Neukunden erweitert oder die Potenzialausschöpfung bei den bestehenden Kundenverbindungen erhöht werden soll. Diese Festlegungen sind Voraussetzung, um Anforderungsprofile und Entscheidungskriterien für die Auswahl festlegen zu können.

2.3 Festlegung der Anforderungen

Sollen Neukunden akquiriert werden, dann benötigt man den kontaktfreudigen, weniger fachlich orientierten Verkäufertyp. Sollen Kundenpotenziale besser ausgeschöpft werden, benötigt man den analyse- und beratungsorientierten Verkäufertyp. Ohne Festlegung der Anforderungen keine treffsichere Auswahlentscheidung!

2.4 Personalmarketing/Rekrutierungsstrategien

Wenn feststeht, was man erreichen will und wen man sucht, ist festzulegen, wo und wie gesucht werden soll. Direktansprache, Insertion, Mitarbeiter werben Mitarbeiter, Hochschulmarketing, Pressearbeit? Alles sind Möglichkeiten – nur passen nicht alle zur gleichen Zeit.

2.5 Treffsichere Auswahlentscheidung als Kostenreduktion

Eine Fehlentscheidung ist sehr teuer: 60.000,– DM – mal weniger und oft auch viel mehr – sind schnell verbraten, wenn man sich nach einigen Monaten wieder trennt. Unternehmerisches Verantwortungsbewusstsein erzwingt eine zuverlässige Auswahlentscheidung im Sinne von Qualitätssicherung. Methoden und Werkzeuge gibt es genug: Analyse der Bewerbungsunterlagen, Einstellungsinterview, Potenzialanalysen durch Eignungstest und Assessmentcenter. Mehr dazu weiter unten.

2.6 Perfekte Integration und Einarbeitung

Die erfolgreiche Einarbeitung ist nach der Potenzialanalyse und Auswahlentscheidung der wichtigste Erfolgsfaktor. Der geeignetste Mitarbeiter wird nicht zum Erfolg kommen oder das Unternehmen recht schnell verlassen, wenn er nicht richtig eingearbeitet wird oder wenn die in der Anwerbephase gemachten Versprechen nicht eingehalten werden. Gute Einarbeitungs- und Integrationskonzepte sind in vielen Unternehmen trotz großen Aufwands für Personalentwicklung Mangelware – leider.

2.7 Gute Aus- und Weiterbildung

Eine permanente marketing-, service- und verkaufsorientierte Aus- und Weiterbildung ist unverzichtbar. Natürlich muss der Außendienst auch fachlich up to date sein. Aber erst die Vernetzung von Fachkompetenz mit kundenorientierter verkäuferischer Sozialkompetenz ist erfolgsfördernd.

2.8 Systematische Förderung und Karriereentwicklung

Die wenigsten Menschen wollen ihr Leben lang das Gleiche tun. Während früher aufgrund einer differenzierten Hierarchie unterschiedliche Hierarchiestufen und damit verbundene Titel und Aufgabenerweiterungen als Motivatoren wirkten, müssen in den Zeiten des Lean Managements andere Möglichkeiten geboten werden. Mehr Bedeutung hat deshalb die Persönlichkeitsentwicklung (Entwicklung der Sozialkompetenz) gewonnen und die Erweiterung der Aufgabenbereiche (Job Enlargement) bzw. der Wechsel von Aufgaben und Arbeitsinhalten (Job Enrichment). Nicht nur bei Kunden ist „Haltearbeit" notwendig, sondern auch bei den Mitarbeiter/innen – denn die guten, aufgeweckten, die ihren Marktwert kennen, wechseln eher als die trägen: Von selbst gehen nur die ganz guten Leute!

3. Personalmarketing, Personalgewinnung, Rekrutierung ...

Der Begriff Personalmarketing wird sehr unterschiedlich interpretiert. Gemeint ist damit meistens: Personalgewinnung bzw. Zuführungsstrategie (Rekrutierung, Recruitment). Insbesondere für Vertriebsfunktionen, aber auch für

Führungs- und Fachfunktionen werden regelmäßig gute und entwicklungsfähige Mitarbeiter/innen benötigt. Der Erfolg eines Unternehmens hängt von Anzahl und Qualität der Teammitglieder ab. Die Aussage lässt sich auf die einfache mathematische Formel bringen: Qualität x Menge = Ergebnis.

3.1 „Wir entlassen und stellen nicht ein" – gewollte und ungewollte Fluktuation

Nun kann im Einzelfall vielleicht eingewendet werden, dass aufgrund von Umstrukturierungen Personal – auch im Außendienst oder Kundenservice – abgebaut wird. Das ist natürlich erst einmal richtig beobachtet. Die Umstrukturierungen der letzten Jahre machen auch vor diesen Bereichen nicht Halt. Wer aber deswegen glaubt, sich nicht mit dem Thema dieses Artikels auseinander setzen zu müssen, der irrt gewaltig! Denn eine Personalabbaumaßnahme bietet immer eine gute Gelegenheit, den Mitarbeiterbestand auf die Gruppe der Leistungsträger zu verdichten. Um das aber richtig machen zu können, müssen die Leistungsträger identifiziert werden – und das heißt Potenzialanalyse (s. weiter unten), und damit sind wir beim Thema.

Eine Umstrukturierung führt oft zu Unruhe und häufig auch zu ungewollter Fluktuation. Den Leistungsträgern und Hipots (High Potentials) wird in solchen Situationen ihr Marktwert oft erst richtig bewusst, da man sich gezwungenermaßen und vorsichtigerweise umhört: Wer sehr gut ist, kann zu jeder Zeit überallhin wechseln! Deshalb führen gelegentlich (dilettantisch durchgeführte) Umstrukturierungen, bei denen ausschließlich die Rotstift-Theoretiker das Sagen haben, zu der Notwendigkeit, sich nach kurzer Zeit erst recht mit dem Thema Personalmarketing, Mitarbeiterentwicklung u.s.w. beschäftigen zu müssen, denn die guten Leute sind plötzlich und unerwartet weg. Dann heißt es plötzlich: Entweder sind jetzt unter besonderem Erfolgs- und Zeitdruck neue „gute Leute" zu suchen, oder die vorhandene Mannschaft muss optimiert werden. Und damit sind wir wieder bei den Themen dieses Artikels.

3.2 Überalterung – Generationswechsel – Nachwuchs-förderung

Eine weitere Notwendigkeit, sich mit dem Thema Personalmarketing intensiv zu beschäftigen, sind die in etlichen Unternehmen sich gerade vollziehenden oder anstehenden Generationswechsel. Deutschlands Vertriebsstrukturen gelten als überaltert. Sparsamkeit am falschen Ende und fehlende Konzepte führen dazu, dass in absehbarer Zeit dringend benötigter Nachwuchs nicht zur Verfügung steht. Die Notlösung sieht dann meistens so aus: Erst einmal wird die freie Position kommissarisch von der nächsthöheren Führungskraft „mit"-geführt. Und zwar so lange, bis Unruhe entsteht und der Umsatz einbricht. Dann wird schnell entweder ein guter Verkäufer zur schlechten Führungskraft gemacht, oder die Position wird mit einem „vertrauenswürdigen" Kofferträger besetzt. Beides sind aus der Not heraus geborene schlechte Lösungen. Hier helfen nur Förderkonzepte für Fach- und Führungsnachwuchs als Bestandteil einer professionellen Vertriebs- und Personalentwicklung.

3.3 Es gibt genügend geeignete Bewerber/innen!

Die Möglichkeiten, Verstärkung für das Team zu rekrutieren, sind vielfältig. Wichtig ist, dass ein klares Konzept konsequent gefahren wird. Im Rahmen eines solchen Konzeptes haben externe und neutrale Berater eine wichtige Funktion.

Ein Beispiel aus der Praxis: Im Rahmen einer extern durchgeführten Personalgewinnungsaktion (PGA) für einen großen Finanzdienstleister konnten bei jeder Anzeigenschaltung an fünf Orten jeweils zwischen 226 und 490 Bewerbertermine beim Ersttelefonat vereinbart werden. Tatsächlich erschienen zu den Erstgesprächen je Ort zwischen 146 und 349 Interessenten. Im Erstgespräch fand eine Vorauswahl durch ein Interview und den NISOB-Personal-Basis-Test statt. Im Falle eines positiven Ergebnisses wurde für die Verkaufstätigkeit im

Allgemeinen und für eine Berufsperspektive in der Finanzdienstleistungsbranche im Besonderen motiviert. Zwischen 18 und 24 Prozent aller gut geeigneten Bewerber/innen waren bereit, mit dem Auftraggeber über eine berufliche Perspektive zu sprechen. Wesentliches Strukturierungselement in diesem Konzept war der NISOB-Personal-Basis-Test, er garantierte eine Objektivierung der Potenzialeinschätzung und wirkte auch bei den Bewerber/innen vertrauensbildend, da diese nun das Gefühl hatten, nicht um jeden Preis zu einer Verkaufstätigkeit überredet zu werden.

Also, Ausreden gelten nicht mehr: Es gibt genügend geeignete Bewerber/innen, man muss nur wissen, wie man sie findet.

- Je Anzeigenschaltung durch neutrale Personalvermittler zwischen 226 und 490 Bewerbertermine

- Nach rund 350 bis 700 Ersttelefonaten und Vorcheck sind tatsächlich erschienen zu den Potenzialanalysen je Ort zwischen 146 und 349 Interessenten

- Nach Potenzialanalyse (Interview + NISOB-Personal-Basis-Test) und Beratungsgespräch waren je Aktion 18 % bis 24 % geeignet und auch motiviert, im Vertriebsaußendienst zu arbeiten

Das Konzept hat immer dann hervorragend funktioniert, wenn die Personalberater ausreichend qualifiziert waren (auch dazu braucht man gute Leute!) und wenn die Führungskräfte sich verantwortungsbewusst um die neuen Mitarbeiter/innen gekümmert hatten. Es war auf keinen Fall schwer, gut qualifizierte Menschen zu finden und für eine Vertriebsaufgabe – sogar in der Finanzdienstleistungsbranche – zu motivieren.

3.4 Die richte Ansprache: Anzeige oder Empfehlung? Viele verschiedene Wege führen zum Ziel!

Der klassische Weg der Mitarbeitersuche ist die Anzeige. Sie hat ihren Stellenwert, ist aber nicht die einzige Möglichkeit. Auch die Empfehlung ist sehr sinnvoll. Es gibt darüber hinaus auch andere Wege der Ansprache. Es macht keinen Sinn, einzelne Wege zum Königsweg auszurufen und andere abzuqualifizieren. Jeder Schritt, jede Maßnahme, jeder Versuch, an Erfolg versprechende Interessenten zu gelangen, ist legitim. Die Frage ist nur, welcher Weg führt zu der gewünschten Zielgruppe, welcher Weg ist mit den vorhandenen Mitteln beschreitbar? Ein klares Konzept am Anfang schützt vor Fehlinvestitionen und Wurstelei.

Es hängt sehr von der Branche und der Art der benötigten Mitarbeiter/innen ab, auf welche Anspracheweg zurückgegriffen werden kann. Spezialisten findet man in der Regel über Anzeigen in den einschlägigen Zeitungen oder Zeitschriften bzw. bei spezialisierten Personalberatungen. Call Agents für Telefonmarketing u.s.w. erreicht man beispielsweise auch über gute Öffentlichkeitsarbeit. In einer ostdeutschen Großstadt hat die Ankündigung eines Unternehmens, ein Call Center einrichten zu wollen, zu fast 5.000 Spontanbewerbungen geführt. Es kommt also sehr darauf an, sich am Anfang genau zu überlegen, wohin man will und wie man vorgehen möchte.

Nachfolgend finden Sie eine Aufstellung verschiedener Wege der Interessentenansprache:

Personalmarketing – Zugangswege
Viele verschiedene Wege führen zum Ziel!

1. Kostenfreie redaktionelle Beiträge

2. Pressegespräche und Pressekonferenzen

3. Anzeigenschaltung

4. Spots / Werbesendungen

5. Stelleninformationssystem (SIS) des Arbeitsamtes

6. Zusammenarbeit mit Arbeitsvermittlern des Arbeitsamtes

7. Handzettel, Flugblätter, Prospekte / Aushänge und Plakate

8. Eigene Aktionen / externe Events / Messepräsenz

9. Internet / Neue Medien

10. Marketingdaten nutzen

11. Ansprache bereits aktiv gewordener Bewerber/innen

12. Einbindung von studentischen Jobvermittlungen, Berufsförderungsdienst der Bundeswehr

13. Ansprache und Einbindung von Weiterbildungsträgern, Reha-Einrichtungen und Beratungsstellen, Kulturvereinen

14. Private Arbeitsvermittler

15. Sponsoring

16. Interne Stellenausschreibung

4. Von der Masse zur Klasse

Die Anforderungen der gesellschafts- und wirtschaftspolitischen Entwicklung an Einzelne werden immer höher. Hohe Belastbarkeit und Anpassungsfähigkeit sind gefragt. Eine hohe Sozialkompetenz, Teamfähigkeit und die Bereitschaft, über den eigentlichen Arbeitsplatz hinauszudenken, werden immer stärker gefordert. Gute Qualifikationen reichen häufig nicht, Mehrfachqualifikationen sind gewünscht. Die Fähigkeit, mit EDV und Kommunikationstechnologie sicher umgehen zu können, wird meistens als selbstverständlich vorausgesetzt. Man hätte schon recht gerne die „Eier legende Wollmilchsau"!

4.1 Mehr Bewerber – aber weniger Potenzial?

Nun wird aber jeder, der in den letzten Jahren mindestens eine Stelle zu besetzen hatte, höchstwahrscheinlich die Erfahrung gemacht haben, dass die Anzahl der Bewerbungen auf eine Anzeige erstaunlich hoch war – der Kreis der ernst zu nehmenden Bewerber/innen aber im Gegensatz dazu ernüchternd klein. Die Umstrukturierungsprozesse der letzten Jahre haben zwar viele Arbeitskräfte entweder freigesetzt oder aufgeschreckt – viele orientieren sich, zumindest vorsichtshalber, am Markt. Doch deshalb ist die Suche und Auswahl nicht leichter geworden – eher aufwendiger, es muss mehr vorsortiert werden.

Vor allem führt das Höherschrauben von Anforderungen nicht automatisch dazu, dass auch das Leistungs- und Entwicklungspotenzial der Bewerber/innen automatisch proportional mitwächst. Alleine dadurch, dass die Latte höher gelegt wird, kann der Springer nicht höher springen! Es stellt sich also die Frage nach einer effektiven Vorgehensweise zur Auswahl und nach einer treffsicheren Auswahlentscheidung, denn die Fehlbesetzung einer Vertriebsfunktion kostet gut und gerne 60.000,– DM und mehr. Selbst wenn nur Provision anstatt Festgehalt gezahlt wird. Alleine der Aufwand für Anzeigenschaltung, Bewerberhandling, Schulung und Einarbeitung kostet Geld, und hinzu kommen Provisionsgarantien oder Gehälter. Nicht zu vergessen ist der Imageschaden. Wenn die Fluktuation in einem Vertrieb zu groß ist, hat das negative Auswirkungen auf die Kunden. Ein solches Unternehmen ist auch für Mitarbeiter/innen nicht sonderlich attraktiv.

4.2 Die Bewerber/innen von heute sind die Partner von morgen!

Es wird also zunehmend eine größere Anzahl an Bewerber/innen notwendig sein, um gezielt aus der großen Menge die Erfolg versprechenden Kandidaten durch effektive Vorauswahl herauszufiltern und dann gezielt auszuwählen. „Von der Masse zur Klasse" gilt also auch in der professionellen Personalauswahl. Gemeint ist aber nicht die menschenverachtende Strukki-Mentalität, nach der man „zehn Leute durchschleusen muss, damit einer bleibt". Sicherlich ist das der eine Teil der Realität – der andere und bessere Teil der Realität ist: Es gibt zuverlässige und erprobte Verfahren, um herauszufinden, welche Bewerber/innen über ausreichende Erfolgspotenziale verfügen und welche nicht.

Auch in der professionellen Personalauswahl ist es notwendig, möglichst viele Bewerber/innen kennen zu lernen, um aus der großen Masse einen Erfolg versprechenden harten Kern herauszuselektieren. Aber diese Vorgehensweise ist im Gegensatz zur Strukki-Mentalität fair. Bei einem wirklich guten Auswahlkonzept werden Bewerber/innen als Partner behandelt, denen man eine Entscheidungshilfe gibt. Was nützt es, wenn Bewerber/innen aufgeputscht durch billige Motivation sich auf eine Sache einlassen, für die sie gar nicht die Grundqualifikation mitbringen. Und was nützt es, wenn in zehn Menschen investiert wird, um einen echten Mitarbeiter zu gewinnen, und wenn die anderen neun Menschen dann erfolglos und frustriert das Unternehmen nach einiger Zeit wieder verlassen? Es nützt nichts, es kostet Geld, Aufwand und guten Ruf, es schadet nur!

4.3 Entweder zu wenige oder zu viele – Flucht in die Religion

Das typische Dilemma für die Praktiker ist: entweder zu wenige oder zu viele Bewerber/innen. Genau die Menge, die man gut bewältigen könnte, ist es in den seltensten Fällen. Das verleitet zu zwei grundsätzlichen Fehlern: Entweder werden die wenigen Kandidaten mangels Masse schöngeredet, oder die Entscheidung wird aus Zeitmangel unsystematisch gefällt. Es wird dann plötzlich tief religiös an besondere Auffälligkeiten eines Bewerbers geglaubt, z. B. davon, dass er sehr ehrgeizig und kommunikationsfreudig sei und viele Kontakte habe, weil er im Sportverein aktiv ist – aber vielleicht ist er ja nur der biedere Schriftwart?! Er hat schon mehrere Jahre bei erfolgreichen Mitbewerbern gearbeitet – warum wird er da nicht mehr gebraucht? Er hat viele Incentives gewonnen – doch was waren die Kriterien und im Vergleich dazu die Stornoquote oder Potenzialausschöpfung? Er lässt sich gut durch Geld motivieren – vielleicht es er hoffnungslos verschuldet?! Er kann gut auftreten – macht er das aber auch oft genug bei den Kunden oder lieber nur in seiner Eckkneipe?

4.4 Vernetzte Schritte – ob Mittelstand oder großes Unternehmen

Zuführungs- bzw. Mitarbeitergewinnungskonzepte können sehr unterschiedlich gestaltet sein. Sie haben sich nach den tatsächlichen Anforderungen zu richten, und das Verhältnis von Bedarf und Aufwand muss stimmen. In jedem Falle aber ist ein ganzheitliches Konzept, das zu allen wichtigen Schritten Vorgehensweisen festlegt, unabdingbar. Es ist durchaus hilfreich, beispielsweise das Anzeigenkonzept zu verbessern, – aber wenn ein solcher Verbesserungsschritt nicht mit den Folgeschritten abgestimmt ist, kann der Aufwand schlimmstenfalls vergebens gewesen sein. Auch ein qualitativ hochwertiges Auswahlverfahren, z. B. ein Test oder Assessmentcenter (AC), erhöht die Qualität der

Auswahlentscheidung – aber noch bessere Resultate bringen solche Instrumente, wenn sie mit den anderen Schritten optimal vernetzt sind.

Und noch eines ist zu berücksichtigen: Die nachfolgend aufgezählten Schritte gelten für kleine Unternehmen bzw. Einzelunternehmer genauso wie für die Verantwortlichen von großen Vertriebsstrukturen oder Konzernen. Der Aufwand ist sicherlich in Abhängigkeit von der Größe des Unternehmens unterschiedlich, die Notwendigkeit der angemessenen Berücksichtigung der einzelnen Schritte jedoch in jedem Falle gegeben.

5. Konzeptionelle Vorgehensweise

5. 1 Standort- und Zielbestimmung, Anforderungen

Wir haben es alle gelernt und mancher mag es nicht mehr hören – richtig ist es dennoch: Man sollte immer wissen, wo man steht und wohin man will! Der Weg ist ein anderer, wenn man von Kapstadt statt von Oslo nach Kiel reist – auch wenn Kiel jedes Mal das eindeutige Ziel ist. Genauso wie der Vermittler konkrete Umsatzziele hat, hat auch der Verantwortliche für die Organisation zu klären, wie viele und welche Art von Mitarbeitern gebraucht werden.

Sucht man Branchenfremde für die Neuakquisition mit sehr einfachen Produkten oder sucht man Branchenkundige, die woanders unzufrieden sind und neue Entfaltungsmöglichkeiten erwarten? Sucht man Mitarbeiter und Mitarbeiterinnen mit durchschnittlichem Potenzial für Standardberatung und -betreuung oder sucht man diejenigen mit gutem Entwicklungspotenzial, die hochkarätige Spezialisten oder Führungskräfte werden sollen? Es ist auch ein großer Unterschied, ob der Nachfolger für einen etablierten Bezirksleiter gesucht wird oder ob ein seit langem schlecht erschlossener und verwaister Bezirk neu besetzt werden soll.

Die Anforderungen an den zukünftigen Stelleninhaber sollen sehr genau und positionsbezogen formuliert sein. Solche Pauschalbeschreibungen wie „kommunikativ, belastbar, motivierbar, teamfähig, ehrgeizig …" helfen überhaupt nicht. Leider enthalten Anforderungsprofile immer noch solche Wunschlisten nach einer „Eier legenden Wollmilchsau"; – die entscheidende Frage ist: Zu welchem Zweck soll jemand kommunikativ, ehrgeizig, … sein? Erst wenn das geklärt ist, kann man in der Auswahlphase zuverlässig entscheiden, ob die einzelnen Kandidaten dann auch tatsächlich in der richtigen Art und Weise kommunikativ oder ehrgeizig genug sind.

Will man möglichst viele Mitarbeiter/innen einstellen und dann nach dem Prinzip Versuch und Irrtum aussortieren, ohne Rücksicht auf Fluktuation und die damit verbundenen Probleme – oder sucht man gezielt aus, um gezielt zu investieren und zu entwickeln? Wird ein kurzfristiger Produktverkauf angestrebt, oder soll eine langfristige Kundenbeziehung aufgebaut werden? All diese Fragen müssen geklärt sein, bevor man sich auf die Suche macht.

5.2 Ansprache und Rekrutierung

Natürlich ist die Empfehlung immer noch eine sehr gute Methode. Aber meistens reicht das Empfehlungspotenzial dann doch nicht. Man sollte also anders auf sich aufmerksam machen und für die Verstärkung der eigenen Vertriebsmannschaft werben. Ein Weg ist die Präsenz auf Veranstaltungen, Tagungen, Messen u.s.w. Die Besucher solcher Veranstaltungen sind jedoch informiert und anspruchsvoll – gerade auf diese Zielgruppe muss man gut vorbereitet sein. Besonders in diesem Umfeld muss etwas geboten werden können. Beispielsweise hat die Firmenpräsenz auf Hochschulabsolventen-Kongressen das Interesse dann geweckt, wenn eine Potenzialanalyse (Karriere-check) mit dem NISOB – Personal-Basis-Test kostenlos angeboten worden ist. Man schlägt zwei Fliegen mit einer Klappe – es entsteht ein guter erster persönlicher Kontakt, und es liegt ein Überblick über das Potenzial der Bewer-ber vor.

Nach wie vor ist die Anzeige ein wichtiges Instrument der Ansprache. In der Regel bringen mehrere kleinere Anzeigen ein besseres Ergebnis als eine große. Ziel sollte immer sein, eine möglichst breite Gruppe anzusprechen, um dann im nächsten Schritt anhand einer Checkliste mit Mindestkriterien die Voraus-wahl zu treffen. Bessere Resonanz haben Anzeigen, die von Beratungsfirmen geschaltet werden. Es ist nicht ungewöhnlich, dass sich auf ungünstig gestaltete oder auf wiederholt geschaltete Anzeigen der Firma wenige Interessenten melden; wird aber die gleiche Position von einer Beratungsfirma ausgeschrieben, dann melden sich drei- bis fünfmal so viele. Da hilft kein Diskutieren, es ist einfach so. (Andere Möglichkeiten s.o. 3. Personalmarketing ...)

5.3 Auswahlentscheidung – Gefühle oder Fakten?

Die Entscheidung über ein Ja oder Nein kann keinem Firmen- oder Personal-verantwortlichen abgenommen werden. Es ist und bleibt eine unternehmeri-sche Entscheidung. Die entscheidende Frage aber ist, worauf diese Entschei-dung basiert. Es ist sinnvoller, Entscheidungen auf der Basis von harten Fakten (nachprüfbare Erfahrungs- und Leistungsdaten) zu treffen als auf der Grund-lage von weichen Faktoren (Gefühlen, Vermutungen, Sympathien – Antipa-thien u.s.w.).

Einer der häufigsten Fehler dabei ist, sich Mitarbeiter/innen „nach dem eige-nen Geschmack" auszusuchen. Servicepersonal, Verkaufssachbearbeiter, Au-ßendienstmitarbeiter/innen sollen ja nicht die ganze Zeit neben dem Verkaufs-leiter sitzen und ihn angenehm unterhalten, sondern für die Kunden verfügbar sein, die Kunden gewinnen und die Kundenbindungen pflegen. Sie müssen daher in erster Linie zum Kunden passen und nicht zum Verkaufsleiter.

Wird die Platzierungs- oder Auswahlentscheidung unter Zeitdruck und schlecht vorbereitet mehr nach dem Gefühl getroffen oder wird systematisch gearbeitet? Im ersten Falle darf man sich nicht wundern, wenn man „80 % seiner Zeit mit den falschen Leuten verbringt". Will man 80 % seiner Zeit mit den „richtigen Leuten" verbringen, muss man systematisch vorgehen. Eine Entscheidung sollte immer auf mindestens drei Säulen basieren:

1. Lebenslaufdaten, Zeugnisse, Unterlagenanalyse,
2. persönliche Wirkung, persönlicher Eindruck durch persönliches Gespräch (weiche Kriterien, soft facts) und
3. Potenzialanalyse mit Test (objektive „harte" Daten, hard facts)
4. und/oder Potenzialanalyse mit Assessmentcenter (AC) (ebenfalls objektive „harte" Daten, hard facts).

Mit ein wenig Vorbereitung lässt sich ein gutes Konzept leicht festlegen. Danach braucht man sich nur noch konsequent daran zu halten. Die Lebenslaufdaten wertet man anhand von Kriterien und Checklisten aus, den persönlichen Eindruck gewinnt man durch ein strukturiertes Interview und die objektiven Daten gewinnt man durch ein Assessmentcenter oder ein Testverfahren wie den NISOB-Personal-Basis-Test oder mit einer Kombination der letztgenannten Verfahren.

Interessant – und von manchem Praktiker nicht gern gehört – ist, dass die Erkenntnisse gerade aus den persönlichen Gesprächen, die viele Vertriebsverantwortliche für das Wichtigste überhaupt halten, nicht sonderlich viel Aufschluss über den zu erwartenden Berufserfolg geben. In solchen Fällen wird das Verkaufsgespräch mit dem Auswahlinterview fälschlicherweise gleichgesetzt: Während man im Verkaufsgespräch möglichst schnell einen persönlichen Draht finden will, benötigt man im Bewerber- und Auswahlgespräch eine objektiv-kritische Distanz. Doch dazu weiter unten mehr.

5.4 Einarbeitung, Integration und Förderung

Das beste Saatgut gedeiht nicht, wenn man es auf der Autobahn ausstreut. Mitarbeiter und Mitarbeiterinnen mit hoher Motivation und gutem Entwicklungspotenzial werden nicht automatisch von selbst erfolgreich. Wer sich im Vertrieb auskennt, weiß, dass gute Produkte zwar erfolgsfördernd sind, der tatsächliche Erfolg aber vom Personalpotenzial und der Vertriebssteuerung abhängt. Es wird daher ein Karriere- und Entwicklungsplan benötigt. Festzulegen ist, welche Grundausbildung am Anfang steht, wer die Zeit der Einarbeitung verantwortlich betreut, wie die Einarbeitungsschritte auf ihren Erfolg hin kontrolliert und welche Entwicklungs- und Fördermöglichkeiten mittelfristig geboten werden. Es gibt eigentlich nur zwei wesentliche Abbruchgründe bei Vertriebsmitarbeitern:

1. Entweder stimmten die Mindestvoraussetzungen nicht, das Potenzial war einfach nicht ausreichend. Die Entscheider haben sich den Bewerber „schöngeredet" – oft mangels besserer Alternativen oder wegen unsystematischer Suche.

2. Andererseits brechen Mitarbeiter ab, wenn das Versprochene nicht eingehalten wird oder wenn die Einarbeitung und Betreuung in der ersten Zeit unzureichend ist. Hier werden viele Führungsfehler begangen, hier werden viele Investitionen vernichtet.

Dazu sei auf ein Untersuchungsergebnis verwiesen, das der Wirtschaftspsychologe NERDINGER von der Universität München veröffentlicht hat. Dabei wird deutlich, dass Abbruchgründe bei Außendienstmitarbeiter/innen in erster Linie mit Arbeitsinhalten sowie (durch Vorgesetze zu verantwortende) schlechter Organisation zu tun haben und erst in zweiter Linie mit Geld u. Ä. Auch ältere Untersuchungen von Industriesoziologen und Psychologen haben das immer wieder in unterschiedlichster Form festgestellt.

Rangreihenfolge der Abbruchgründe bei Außendienstpersonal

Unzufriedenheit mit:

1. Möglichkeiten der beruflichen Entwicklung,
2. der Organisation,
3. den Arbeitsbedingungen,
4. dem Vorgesetzten,

5. der Bezahlung,
6. der Arbeitszeit,
7. den Kollegen,
8. den Sozialleistungen.

(nach F. W. Nerdinger, Universität München)

Die Einarbeitung ist eine der sensibelsten Sollbruchstellen in einer Mitarbeiterkarriere. Hier wird allzuoft schon die „innere Kündigung" ausgesprochen und weitergesucht oder abgetaucht. Bestenfalls bemüht man sich noch bis zum Ende der Probezeit. Was hier falsch gemacht wird, lässt sich besonders schwer reparieren. Aber es muss ja nicht soweit kommen – auch hier gibt es Lösungen.

Zur Einarbeitung gehört ein klarer Einarbeitungsplan mit Kontrollschritten. Um Mitarbeiter/innen langfristig an das Unternehmen zu binden, wird ein Förder- und Entwicklungsplan benötigt. In den seltensten Fällen verlassen Mitarbeiter/innen tatsächlich ein Unternehmen wegen der finanziellen Angelegenheiten – Führungsfehler, chaotische Organisation und eingeschränkte persönliche Entfaltungsmöglichkeiten sind die viel häufigeren Fluktuationsursachen.

Zu einem ausgereiften PE-Konzept gehört übrigens auch, dass ausgeschiedene Mitarbeiter/innen interviewt werden – am besten von externen Beratern: Die sind unvoreingenommen und können leichter objektivieren. Erkenntnisse, die hierdurch gewonnen werden, sind eine Goldgrube an Verbesserungsvorschlägen!

6. Verkaufen – Begabung oder lernbar?

Wenn es um Ausbildung und Einarbeitung geht und Verkauf und Außendienst aus der Sicht der Vertriebs- und Personalentwicklung betrachtet werden, stellt sich natürlich immer – mehr oder minder offen – die alte Frage, ist Verkaufen lernbar oder eine naturgegebene Begabung. Antwort: Die Frage ist falsch gestellt! Diese Art der Betrachtungsweise und Fragestellung stammt noch aus Denkhaltungen des letzten und vorletzten Jahrhunderts. Ihnen liegt die Annahme zugrunde, dass Fähigkeiten in erster Linie biologisch oder gar erblich festgelegte Persönlichkeitsfaktoren sind. Im vorletzten Jahrhundert waren daher auch Typen- und Farblehren u.s.w. sehr beliebt, man wußte es damals nicht besser. Im Verkaufstraining treten solche Relikte immer noch mal wieder auf – besonders gerne werden sie als psychologische Erkenntnisse verkauft. Sicherlich waren diese Erkenntnisse vor hundert Jahren neu und revolutionierend, auch Alchimie und Aderlaß galten vor mehreren hundert Jahren als modern.

Der Stand der Erkenntnisse der zeitgenössischen psychologischen und verhaltensbiologischen Forschung lässt sich relativ einfach zusammenfassen: Die angeborenen Anlagen sind von Mensch zu Mensch zwar unterschiedlich, aber der entscheidende Faktor ist die Entwicklung der Anlagen.

Es ist nicht von der Hand zu weisen, dass ein Mensch nach Kindheit, Schule, Berufsausbildung und erster Berufserfahrung einen bestimmten individuellen Entwicklungsstand erreicht hat. Und nur von diesem Entwicklungsstand hat man bei der Eignungsdiagnostik auszugehen. Dabei ist eine Bestandsaufnahme über das vorhandene Leistungspotenzial (harte Fakten, IST-Zustand, tatsächliches Können, Wissen und Wollen ...) und das Entwicklungspotenzial (vorhandene Reserven, Lern- und Entwicklungsfähigkeit, Belastbarkeit, Zielstrebigkeit und Motivierbarkeit ...) durchzuführen. Wenn die Grundvoraussetzungen ausreichend vorhanden sind, ist alles Weitere eine Frage der Entwicklung und Förderung.

> Kurz gesagt: Bei ausreichendem Leistungs- und Entwicklungspotenzial und genügend Berufsinteresse ist bei entsprechender Aus- und Weiterbildung verkäuferischer Erfolg nicht zu verhindern.

6.1 Der Verkaufsvorgang als lernbarer Prozess

Wenn zu einer Berufstätigkeit – zur Verkaufstätigkeit oder zu etwas anderem – ausgebildet werden soll, ist es notwendig, die einzelnen Aufgabenbereiche und Tätigkeiten dieser Berufsausübung zu beschreiben und zu analysieren, um daraus Lernziele und Lernschritte abzuleiten. Eine ausführliche Behandlung dieses Themas würde den Rahmen dieses Artikels weit überschreiten, aber Grundsätzliches lässt sich leicht darstellen.

Der Verkaufsvorgang ist ein logisch aufgebauter Prozess, der sich in einzelne voneinander unterscheidbare Arbeitsschritte aufteilt.

6.2 Die 10 Verkaufsphasen des beratungs- und abschlussorientierten Verkaufsvorganges

In der Verkaufsliteratur und auch in den Schulungsunterlagen der Unternehmen haben sich viele sinnvolle Formeln herausgebildet. Brauchbaren Formeln liegt mehr oder minder die Systematik der „10 Verkaufsphasen des beratungs- und abschlussorientierten Verkaufsvorganges" zugrunde, die ich seinerzeit bei der Entwicklung des IHK-Berufsbildes „Fachberater/in im Außendienst – IHK" als Orientierungsgrundlage formuliert habe.

Dabei beschreiben die Phasen I und II die Vorbereitungsaktivitäten vor dem eigentlichen Verkaufsgespräch (Pre Sales Activities). Die Phasen III bis VII strukturieren das eigentliche persönliche Verkaufsgespräch (Sales Activities); die Phasen VIII bis X die Nachbereitungsaktivitäten (After Sales Activities).

Die 10 Verkaufsphasen des beratungs- und abschlussorientierten Verkaufsvorganges

I. Vorbereitung

II. Anbahnung / Kontaktaufnahme / Terminvereinbarung

III. Gesprächseröffnung

IV. Bedarfsermittlung / Problemaufzeigung

V. Angebot / Produktpräsentation

VI. Abschluss / Vereinbarung

VII. Antragssicherung

VIII. Empfehlungen einholen

IX. Nachbetreuung / Service

X. Folgegeschäft

6.3 Flughafen oder Seifenspender

Die aufgezählten Phasene treten in einem kompletten Verkaufsvorgang in der einen oder anderen Form immer auf – ob den Ölscheichs ein Flughafen oder dem Inhaber eines kleines Familienbetriebes ein Seifenspender verkauft werden soll. Sicherlich ist die Vorbereitung beim Verkauf eines Flughafens aufwendiger. Bei der Anbahnung für den Scheichbesuch müssen vorher „gut honorierte" Berater eingeschaltet werden, und ein edles, teures Rennpferd als „Werbegeschenk" fördert wahrscheinlich die Gesprächswilligkeit. Beim Inhaber des Familienbetriebes reichen wohl der Anruf und der Hinweis auf ein neues kostengünstigeres Modell. Der Verkauf des Flughafenbaus wird sich über Jahre hinziehen, der des Seifenspenders wird nur wenige Minuten dauern. Aber grundsätzlich geschieht in beiden Beispielen das Gleiche.

Dieses Konzept der 10-Phasen ist daher eine solide Grundlage, um Schulungskonzepte und Materialien zu planen, praktische Einarbeitung zu gestalten und um den Außendienst in der täglichen Arbeit zu unterstützen.

7. *Potenzialanalyse als Qualitätssicherung – Kostensparen leicht gemacht*

Neben einem guten Konzept und einer schlagkräftigen Personalmarketingstrategie wird die Frage der Treffsicherheit der Auswahlentscheidung immer eine herausragende Bedeutung einnehmen. Wie oben bereits gesagt, ist eine Fehlentscheidung sehr teuer, in der Finanzdienstleistungsbranche sind Kosten von durchschnittlich 60.000 DM und mehr pro Fluktuation errechnet worden. In zwei mir bekannten Fällen wurden p. a. 6 bzw. 11 Mio. DM für Mitarbeiterzuführung ausgegeben, durch Fluktuation – bedingt durch ein fehlendes PE-Konzept – wurden Hunderte von Mitarbeiter/innen durchgeschleust. Der Nettobestand an Mitarbeiter/innen wurde dadurch aber lediglich um eine Hand voll p. a. erhöht.

Einige Unternehmen kommen auf Berechnungen, denen zufolge die Fehlbesetzung einer Spezialistenposition deutlich über 100.000 DM kostet. Ich kenne einen Fall, bei dem die Fluktuation eines Ingenieurs das Unternehmen rund eine halbe Million DM kostet, weil dem Ingenieur in der Regel die Hälfte der Kunden folgen und es durchschnittlich drei bis vier Jahre dauert, bis diese Lücke wieder aufgefüllt ist.

Ein anschauliches Beispiel bietet die Entwicklung in der Finanzdienstleistungs-branche. Während in den 60er- und 70er-Jahren das Geschäft mit großer Fluktuation, schlechter Mitarbeiterqualität und häufig mit Struktur-vertriebsorganisationen eingefahren wurde, hat der Trend inzwischen gewech-selt. Es wurden gerade in der Versicherungsbranche nach der Pharmaindustrie die ersten geregelten Berufsbilder für Außendienstler entwickelt und einge-führt. Bekannte Strukturvertriebe haben harte Auswahlkriterien eingeführt.

7.1 Von der freundlichen Teletesse zur qualifizierten telefonischen Sachbearbeitung

Im Boomsektor Call Center kann man es beobachten: Auch die qualifizierte Besetzung von so genannten „einfachen Positionen" im Call Center ist für die Marktpositionierung eines Unternehmens erfolgsfördernd. Der Trend in der Kundenkommunikation geht zum Telefon. Was früher auf dem Schriftwege bearbeitet wurde, wird heutzutage zunehmend telefonisch abgewickelt. Damit kommt eine neue Komponente – die persönliche Wirkung – in die Kunden-beziehung. Papier ist neutral, akzeptable Geschäftsbriefe können durch Muster-texte usw. zur Verfügung gestellt werden. Aber in der direkten persönlichen telefonischen Kommunikation wird sofort (und oft auch überwiegend) die Beziehungsebene angesprochen. Sympathie oder Antipathie, Missverständnisse oder gute Verständlichkeit, nerviges Feilschen oder unbürokratische Abwick-lung entscheiden über die Qualität der Kundenbeziehung und damit über Kundenbindung und Folgegeschäft.

Die Anforderungen an Mitarbeiter/innen in den Call Centern, Kompetenz-centern, Servicezentralen usw. gehen weit über eine freundliche, auswendig gelernte Begrüßung hinaus. Auch hier ist ein weitaus größeres Leistungs- und Entwicklungspotenzial gefragt als nur als Teletesse über eine „gute Telefon-stimme" zu verfügen, um als „Grüßliesel" nett grüßen zu können.

7.2 Bewerbermangel – trotzdem Potenzialanalyse und Personalauswahl?

Call Center schießen seit wenigen Jahren wie Pilze aus dem Boden. Eine Mischung von Kosteneinsparungsgründen und Kundenorientierung führt bei vielen Unternehmen dazu, die Kundenkommunikation über das Telefon abzuwickeln. Gerade nach der Liberalisierung des Telefonmarktes ist in dieser Branche die Nachfrage nach neuem Personal explosionsartig gewachsen. Der Wachstumsprozess ist nicht abgeschlossen, die Liberalisierung des Energiemarktes tritt gerade eine neue Welle los. Die Finanzdienstleistungsbranche zieht mächtig mit, da in dieser Branche der einmal gewonnene Kunde mit viel Aufwand vor Abwerbung geschützt werden soll. Und demnächst wird die Kombination von Internetbestellung und Call Center-Betreuung ein neues Feld erschließen.

Aber gerade oben Genanntes zeigt ein häufiges Dilemma: All das hat bereits jetzt dazu geführt, dass in einigen Regionen der Markt für qualifiziertes Call Center-Personal leer gefegt ist. Viele Personalverantwortliche suchen händeringend Personal. Diejenigen, die kurzfristig denken, lehnen wegen der Mangelsituation eine Qualitätssicherung durch Auswahlverfahren ab. Ähnliches gilt für den Markt der EDV-Berater, Programmierer und IT-Spezialisten, dort nimmt man zurzeit jeden, der einen PC anstellen kann. Die Begründung, dass in einer Mangelsituation nicht auch noch ausgewählt werden kann, scheint auf den ersten Blick plausibel zu sein. Aber nur auf dem ersten Blick! Die historische Erfahrung in der Finanzdienstleistungsbranche zeigt, in welche teuren Sackgassen diese Denkhaltung führt.

In der Versicherungsbranche galt es früher lange Zeit als selbstverständlich, Mitarbeiter ohne viel Auswahlüberlegung einzustellen. Hauptsache, sie waren motiviert genug, mit der Verkaufsmappe von Tür zu Tür zu gehen (was meistens bedeutete, dass sie keine anderen Berufsperspektiven hatten), und sie waren „finanziell hungrig", um über Geld motiviert zu werden (was meistens bedeutete, dass sie finanziell kaputt waren). All das führte dann zu den Imageproblemen des Berufsbildes, einzelner Firmen und nicht zuletzt der ganzen Branche. Mit sehr viel Aufwand wurde in den letzten Jahrzehnten gegengesteuert. Neben viel Geld, das für Imagekampagnen ausgegeben wurde, wurde auch in ein geregeltes Berufsbild investiert; Auswahlverfahren sind in vielen Unternehmen heute Standard.

Es ist nur eine Frage der Zeit, wann ein Fachkundennachweis für die Vermittlung aller Finanzprodukte im europäischen Rahmen gesetzlich verankert wird, die Gesetze dazu liegen bereits in Berlin und Brüssel in der Schublade. Ehemalige Strukturvertriebe haben heute ein scharfes Auswahlsystem, um die Fluktuation zu reduzieren, Beispiele dafür sind der AWD (Allgemeiner Wirtschaftsdienst, Hannover) und die Bonnfinanz. Der AWD beispielsweise arbeitet mit dem NISOB-Personal-Basis-Test, der in ein klar strukturiertes Rekrutierungskonzept eingebunden ist. Bei der Bonnfinanz hat fast jeder Berater mindestens eine Bankfachlehre als Erstausbildung. Beide Unternehmen haben die gleiche Erfahrung gesammelt: Nachdem sie die Zugangsvoraussetzungen verschärft und die Ausbildungs- und Einarbeitungskonzepte überarbeitet hatten, wurde mit einer geringeren Anzahl von Mitarbeiter/innen ein besseres Geschäft vermittelt. Qualität lohnt sich.

7.3 Kompromisse ja – aber welche?

Gerade wenn der Bedarf an Mitarbeitern groß ist und nicht ausreichend gedeckt werden kann, ist die Gefahr besonders groß, durch unkritisches Einstellungsverhalten die Qualität der Arbeitsleistung auf ein gefährliches Niveau abzusenken. Es soll hier nicht gegen Kompromisse polemisiert werden, die immer wieder getroffen werden müssen, da die idealen Mitarbeiter oder Mitarbeiterinnen nie in ausreichender Menge und höchster Qualität zur Verfügung stehen werden – es sei aber vor Fehlentwicklungen gewarnt! Historische Beispiele gibt es zuhauf. Auch wenn der Personalmarkt leer gefegt ist, ist eine professionelle Rekrutierungsstrategie, die die Situation ausdrücklich berücksichtigt, sinnvoll.

Einerseits kann es helfen, durch ein verbessertes Personalmarketing die angesprochene Zielgruppe zu erweitern. Damit kann die Trefferquote erhöht werden. Und andererseits liefert ein qualifiziertes Auswahlverfahren eine brauchbare Einschätzung des Leistungs- und Entwicklungspotenzials: Wenn schon Kompromisse gemacht werden müssen, dann sollte man auch sehr genau wissen, welche. Bekannte Defizite lassen sich ausgleichen, z. B. durch entsprechende Organisation der Arbeitsabläufe, der Aufgabenverteilung oder auch der Team- bzw. Gruppenzusammensetzung. Einige Defizite lassen sich häufig durch kurze intensive Trainingsmaßnahmen schließen, andere auch sicher durch mittelfristige Entwicklungsmaßnahmen. Auf jeden Fall bekommt der Personalverantwortliche/die Führungskraft den deutlichen Hinweis, wann Förder- und Unterstützungsmaßnahmen keinen Erfolg versprechen. In einem solchen Falle ist beiden Seiten besser geholfen, wenn das Vertragsverhältnis nicht zustande kommt.

7.4 Personalauswahl – ein ethisches Problem?

Wer mit dem Thema Verkauf vertraut ist, weiß, dass Einwände immer eine sachliche und eine emotionale Grundlage haben. So wie das Argument „Kein Geld" oder „zu teuer" die Verkäufer in erster Linie abwimmeln soll, um nicht eingestehen zu müssen, dass man das Produkt ja ganz gerne hätte, aber nicht so richtig weiß, wie man drankommt – genauso spiegeln Argumente von Personalverantwortlichen gegen Auswahlverfahren häufig die Angst davor, nicht mehr individuell genug entscheiden zu können. Manchmal besteht auch die Angst, dieses Instrument anderen gegenüber, häufig dem Betriebsrat, verteidigen zu müssen. Ethische Bedenken werden gerne vorgeschoben. Aber dabei wird dann regelmäßig vergessen, dass es auch eine Verantwortung für den Bewerber bzw. neuen Mitarbeiter gibt. Wenn ein Unternehmen jemanden einstellt, der aufgrund seines Leistungs- und Entwicklungspotenzials nur geringe Chancen hat, am Arbeitsplatz erfolgreich zu sein, dann ist das – und nur das – das moralisch Verwerfliche. Im Extremfall werden Mitarbeiter/innen verheizt, ohne je eine realistische Chance gehabt zu haben. Auch dazu liegen genügend historische Erfahrungen aus der Versicherungsbranche vor.

Ein qualifiziertes Auswahlverfahren ist immer ein kooperativer partnerschaftlicher Prozess, in dem festgestellt wird, ob Arbeitgeber und Arbeitnehmer zusammenpassen und ob die Zusammenarbeit eine Chance hat, zu beiderseitiger Zufriedenheit zu funktionieren.

8. „Mein Bauch tut's auch!" – oder Professionalität?

Sicherlich wird manch erfahrener Profi stolz darauf sein, „mit dem Bauch" tolle Leute gefunden zu haben. Aber mal ehrlich: Wie viele (vergessene) Fehlentscheidungen waren dazwischen und – viel schlimmer – wie viele unentdeckte Talente sind woanders gelandet?

Es gibt keine Wundermittel – wohl aber Methoden, die richtig kombiniert und angewandt allerbeste Dienste leisten. Nachfolgend werden die grundsätzlichen Möglichkeiten knapp dargestellt:

1. Analyse von Bewerbungsunterlagen und Zeugnissen
2. Interview, persönliches Gespräch
3. Fragebögen und Tests
4. Assessmentcenter (AC)

8.1 Analyse von Bewerbungsunterlagen und Zeugnissen

In der Markenartikelbranche weniger verwendet, dafür umso mehr bei Versicherungen und Banken, wird die Analyse von Bewerbungsunterlagen. Das wird teilweise kultisch betrieben und hat auch einen Grund. Bürokratisch veranlagte Menschen können sich mit der „Papierform" von Bewerbern sehr nachhaltig beschäftigen. Dabei wird die Aussagefähigkeit von Zeugnissen völlig überschätzt. Wer an seine eigene Schulzeit zurückdenkt, weiß, dass Noten und Zensuren oft wenig mit dem eigentlichen Können zu tun hatten. Außerdem ist ja bekannt, dass Genies oder erfolgreiche Persönlichkeiten schlechte Schüler waren. Oft sagen Form und Aufbau einer schriftlichen Bewerbung mehr über den Kandidaten aus als die Zeugnisse selbst. Wenn allerdings vorab Mindestkriterien sehr genau definiert sind und eine Checkliste angelegt wird, dann können Bewerbungsunterlagen zu einer groben Vorauswahl hilfreich sein. Ohne Checkliste oder Kriterienkatalog jedoch geht es nicht.

8.2 Interview, persönliches Gespräch

Das Bewerbungsgespräch wird oft für das wichtigste Auswahlinstrument gehalten. Man beruft sich auf Erfahrung und das gute „Bauchgefühl". Herzlichen Glückwunsch! Wenn das reichen würde, gäbe es nur permanent überaus erfolgreiche Vertriebsmannschaften. Keine Frage – der persönliche Eindruck ist wichtig. Aber er darf niemals das allein ausschlaggebende Kriterium sein. Denn es gibt nette Bewerber/innen, die sich selbst (zu) gut verkaufen können. Und es gibt zurückhaltendere Bewerber/innen, die aber gerade beim Kunden gut ankommen. Platt ausgedrückt: Der Köder muss dem Fisch schmecken und nicht dem Angler. Gesucht wird kein neuer Freund, sondern ein Mitarbeiter, der die Türen bei den Kunden öffnen kann. Sympathie und Antipathie sind daher schlechte Berater bei Personalentscheidungen. Auswahlentscheidungen sollen sich an Fähigkeiten und Entwicklungspotenzialen orientieren.

8.3 Fragebögen und Tests

Tests und Fragebögen gibt es für jeden erdenklichen Zweck. Kennen sollte man den Nutzen. Mit Tests kann man bestimmte Leistungsmerkmale wie Rechenfähigkeit, logische Fähigkeiten, sprachliche Fähigkeiten usw. messen. Mit Fragebögen kann man Motivationsstrukturen, Soziale Kompetenz, Einstellung zu verkäuferischer Tätigkeit, Durchsetzungsbereitschaft usw. messen. Ernst zu nehmende Fragebögen und Tests werden von Psychologen nach wissenschaftlichen Standards konstruiert.

Phasenweise wird der Markt mit Angeboten überschwemmt, die gar allmächtige Wirkung versprechen. Beispielsweise soll anhand von nur etwa 20 Fragen ein komplettes Persönlichkeitsprofil entwickelt werden können. Zur wissenschaftlichen Untermauerung verweist man auf psychoanalytische Theoretiker oder Esoteriker des letzten bzw. vorletzten Jahrhunderts. Dann gibt es da noch die Verfahren, die sich auf Kult-Autoren berufen oder auf weitgehend unbekannte Professoren noch unbekannterer Universitäten in fernen Städten. Immer wieder gerne genommen werden Hinweise auf die USA, wo schon gigantische Erfolge bewirkt worden sein sollen. Sowohl die Überprüfung der Quellenangaben durch Recherchen als auch die Bewertung der Zuverlässigkeit solcher Verfahren durch unabhängige, ernst zu nehmende Wissenschaftler hat die meisten dieser Verfahren als wirkungslos überführt. Allein der gesunde Menschenverstand und etwas Lebenserfahrung sollten die Warnleuchten zum Blinken bringen, wenn solche Verfahren die Lösung aller Probleme versprechen.

Anhand des Testergebnisses / der Auswertung bei der Verwendung eines seriösen Verfahrens lässt sich feststellen, ob ein Kandidat – verglichen mit dem Durchschnitt oder einer Vergleichsgruppe – zum unteren, mittleren oder oberen Leistungsbereich gehört. Da bei guten Testverfahren verschiedene Merkmale abgefragt werden, entsteht ein Profil (Leistungs- und Entwicklungspotenzial), das mit dem Anforderungsprofil der zu besetzenden Position verglichen wird. Auf diese Weise wird eine Auswahlentscheidung erheblich sicherer und auch einfacher. Voraussetzung ist allerdings, dass das Testverfahren auf die Fragestellung abgestimmt ist.

Der NISOB-Personal-Basis-Test ist ein solcher anforderungsbezogener Eignungstest, der mittlerweile über 70.000-mal angewendet worden ist. Besondere Erfahrungen liegen bei der Auswahl von Vertriebskräften vor. Beispielsweise konnte durch die Verwendung dieses Verfahrens in einem klar strukturierten Konzept die Fluktuation im Außendienst der WELLA-AG halbiert werden.

8.4 Assessmentcenter (AC)

Das AC ist – trotz seines englischen Etiketts – ursprünglich ein deutsches Auswahlverfahren der Militärpsychologie. Moderne ACs sind weiterentwickelt worden, das Grundschema ist gleich geblieben: Vor einem geschulten Beobachterkreis müssen die Bewerber/innen Einzel- oder Gruppenaufgaben lösen bzw. Ergebnisse präsentieren. Auf Beobachtungsbögen werden Auffälligkeiten und Bewertungen notiert und später ausgewertet. Das Assessmentcenter wird je nach Position unterschiedlich gestaltet. Es muss nicht immer der Riesenaufwand über mehrere Tage und mit einem Heer von Beobachtern betrieben werden, es gibt auch weniger aufwendige Varianten. Der NISOB-Personal-Basis-Test kann beispielsweise den Aufwand für ein Assessmentcenter erheblich reduzieren.

8.5 Die richtige Mischung macht's!

Über die Zuverlässigkeit der verschiedenen Methoden ist viel geforscht worden. Herausgekommen ist, dass Bewerbungsunterlagen und Bewerbungsgespräche nur eine geringe Aussagefähigkeit (geringe Trefferquote) im Vergleich zu Tests und Assessmentcentern haben. Die Vorhersagegenauigkeit von Tests und Assessmentcenterverfahren ist doppelt bis viermal so hoch wie von Bewerbungsunterlagen und Bewerbungsgesprächen.

Das persönliche Bewerbungsgespräch darf jedoch auf keinen Fall weggelassen werden. Ein „persönlicher Draht" zwischen Führungskraft und Mitarbeiter ist unverzichtbar. Aber die entscheidenden Hinweise auf die Leistungs- und Entwicklungsfähigkeit oder das Führungspotenzial geben standardisierte Verfahren. Es sei hier noch einmal deutlich erwähnt, dass nicht das einzelne Auswahlinstrument alleine erfolgsentscheidend ist, sondern erst die Kombination unterschiedlicher Methoden im Rahmen eines sinnvollen Konzeptes den gewünschten bestmöglichen Erfolg bringt.

Vier Wege zu Entscheidungsdaten

1. Fremdbeurteilung
Unterlagen, Zeugnisse, Empfehlungen

2. Persönlicher Eindruck
Persönliches Gespräch, unstandardisiertes Interview

3. Standardisiert erhobene Daten
Standardisierte Interviews, Motivations- und Einstellungsmessungen, anforderungsbezogene kognitive Eignungstests, Leistungstests

4. Ergebnisbezogene Daten
Gruppen-/Einzelassessmentcenter, Unternehmensplanspiel, Arbeitsprobe, Probezeit

Grundsätzlich gilt:

Die Personalentscheidung ist und bleibt eine Führungsentscheidung!

Zuverlässigkeit der Entscheidungshilfen

Mittlerer Validitätskoeffizient von Auswahlverfahren

1. Vorstellungsgespräch ------------------- 14
2. Persönlichkeitstests --------------------- 15
3. Schulnoten -------------------------------- 15
4. Bewerbungsunterlagen ------------------ 18
5. Arbeitsproben --------------------------- 30
6. Biografische Fragebögen -------------- 37
7. Assessmentcenter (AC) ---------------- 37
8. Probezeit ---------------------------------- 44
9. Kognitive Fähigkeitstests -------------- 45

(NISOB Unternehmensberatung GmbH; Daten: Schuler und Funke, zitiert nach Wottawa.) Diese Ergebnisse basieren auf der Auswertung langjährig gesammelter Erfahrungen. Zusammengefasst lässt sich sagen, dass Vorstellungsgespräche, Persönlichkeitstests (die aus dem klinischen Bereich stammen), Schulnoten und die Gestaltung der Bewerbungsunterlagen nur eine geringe Vorhersagezuverlässigkeit bezüglich des zu erwartenden Berufserfolges (Validitätskoeffizient = 14 bis 18) haben. Hingegen haben Arbeitsproben, biografische Verfahren, Assessmentcenter, die Probezeit und kognitive Fähigkeitstests eine doppelt bis dreifach so hohe Vorhersagezuverlässigkeit (Validitätskoeffizient = 30 bis 45).

Ein wichtiger Erfolgsfaktor in einer Rekrutierungsstrategie ist die Gestaltung der Vorauswahl. Ein Auswahlkonzept hat sich nach den Rahmenbedingungen zu richten: Beispielsweise ist ein aufwendiges AC nicht gut platziert, wenn man eine große Anzahl von Bewerbern zur Verfügung hat. Auch intensive Einzelgespräche sind aus Zeitmangel hier nicht durchführbar. Dann ist es besser, mit klaren Checklisten anhand von Bewerbungsunterlagen oder (telefonischen) Kurzinterviews vorzusortieren. In einem solchen Falle ist auch ein auf die

Situation abgestimmter Test sinnvoll, der von Hilfspersonal oder in größeren Gruppen durchgeführt werden kann. Wenn Bewerber/innen anlässlich einer Firmenpräsentation als Gruppe zusammenkommen, kann man neben einem Test auch im Rahmen einer offenen Diskussion eine *einzelne* AC-Aufgabe wie „Führerlose Gruppendiskussion" einsetzen, um einen ersten Eindruck über einzelne Bewerber/innen gewinnen zu können.

8.6 Nachwuchspool

Wenn im Rahmen der Nachwuchsförderung oder der Bildung eines „Goldfischteiches" (High Potential–Pools) Kandidaten aus den Reihen des eigenen Unternehmens auf ihr Entwicklungs- und Karrierepotenzial hin eingeschätzt werden sollen, kommt man an standardisierten ernsthaften Tests, Audits oder an einem gut vorbereiteten, mindestens zweitägigen Assessmentcenter nicht vorbei.

8.7 Top-Positionen

Wenn in einem Unternehmen Top-Positionen zu besetzen sind und es aus Gründen der Vertraulichkeit nicht vertretbar ist, die einzelnen Bewerber/innen in einem Gruppen-AC zusammenzufassen, dann bietet sich ein Audit als Kombination von Test und Einzel-AC (Intensivinterview) an.

8.8 Fleisch vom Schlachter – Schuhe vom Schuster!

Die Beispiele zeigen, dass es für jede Situation – ob Vorauswahl aus einer großen Menge oder differenzierte Auswahl innerhalb einer vorselektierten Gruppe – angemessene Verfahren und Vorgehensweisen gibt. Professionelle

Personalauswahl und Eignungsdiagnostik verfügen über verschiedene Möglichkeiten, die entsprechend zielgerecht kombiniert werden können. Es ist nur wichtig, dass das Konzept von Experten entwickelt oder betreut wird. Die einzige Berufsgruppe, die eine fundierte Ausbildung in Eignungsdiagnostik erfahren hat und deren Berufsbild gesetzlich geregelt und geschützt ist, ist die der Diplom-Psychologen. An die sollte man sich in einem solchen Falle wenden, allerdings dann an berufs- und wirtschaftserfahrene. Fleisch kauft man ja schließlich auch beim Schlachter – und nicht beim Schuster!

Der Autor

Karl Hemeyer

Schlagfertigkeit – Wie diese Fähigkeit in Verkauf und Führung zum Erfolg verhilft

Karl Hemeyer arbeitete viele Jahre in verschiedenen Positionen im Vertriebsbereich international tätiger Unternehmen und ist seit 1993 freiberuflich als Trainer, Berater, Coach und Moderator tätig.

Eines seiner Spezialgebiete ist das Training von Schlagfertigkeit in allen Situationen menschlicher Kommunikation. Gerade für Verkäufer und Verkaufsleiter hält er diese Fähigkeit, gezielt und richtig eingesetzt, für einen der größten Sympathiebringer überhaupt.

Schlagfertigkeit – wie diese Fähigkeit in Verkauf und Führung zum Erfolg verhilft

1. Einführung

Die häufigste Frage, die mir seit Beginn meiner Trainer- und Moderatoren tätigkeit zum Thema Schlagfertigkeit gestellt wird, ist: „Kann man das lernen oder ist das Talent?" Meine Antwort darauf ist: „Ja, man kann es lernen, und zwar jeder! Jeder, der sein Mundwerk einsetzen kann, kann schlagfertig sein." Talent ist grundsätzlich eine gute Voraussetzung. Aber viel wichtiger bei der Anwendung von Schlagfertigkeit ist Selbstvertrauen. Sich zu trauen, das zu sagen, was einem einfällt.

Ihnen fällt im Moment nichts ein? Macht nichts, da geht es Ihnen wie vielen. Hier setzt unser Thema ein. Denn Schlagfertigkeit kann man ja lernen. Wie? Dazu kommen wir später. Und Übungen sind auch dabei. Zunächst die Frage: Was ist Schlagfertigkeit? Wann und wo kann und will ich sie einsetzen?

Die erste Frage beantworte ich Ihnen. Schlagfertigkeit ist die Kunst, jederzeit angemessene Worte zu finden. Beeindrucken Sie Ihre Gesprächspartner durch überraschende Formulierungen. Aber bitte provozieren Sie nicht. Es sei denn, es ist Ihre Absicht, Gesprächspartner „auf die Palme zu bringen".

Die zweite Frage beantworten Sie: In welchen Situationen brauche ich Schlag fertigkeit? Oder auch anders gefragt: In welchen Situationen in der Vergangen heit hätte ich gern schlagfertig reagiert?

Eigene Eintragungen: (Lassen Sie sich Zeit)

2. Wirkungsmittel

So, nun haben Sie einige Beispiele für sich gesammelt. Also bin ich wieder dran. Es geht um die Wirkung der Schlagfertigkeit. Denn, wenn ich sie anwende, dann muss es sitzen, das, was ich sage. Aber nicht nur unser Mundwerk ist wichtig, sondern wir als Gesamterscheinung sind es. Die ganze Person, mit allem was dazugehört. Oder, anders gesagt: ich (nicht der Autor, sondern Sie, die Leserin; Sie, der Leser – ob Verkäufer oder nicht, Sie sind ich!).

Sagen Sie sich einige Male, erst leise, dann immer lauter:

Ich bin es, auf den es ankommt, dass meine Schlagfertigkeit wirkt!

Damit Ihre angewendete Schlagfertigkeit auch ankommt, hier nun einige wichtige Merkmale.

2.1 Haltung

Achten Sie auf Ihre Haltung! Das gilt auch, wenn Sie sitzen. Sitzen oder stehen Sie gerade, zeigen Sie Ihre Hände. Wenn Sie Gegenstände in der Hand halten müssen (besser nicht), spielen Sie nicht damit (Kugelschreiber klicken, Prospekte oder Preislisten knicken, ständig wenden oder gar betrachten, Aschenbecher hin- und herschieben usw. – Glauben Sie mir, ich habe in meinen Gesprächen schon die tollsten Dinge erlebt, positiv – aber auch negativ). Präsentieren Sie im Stehen, sollten Sie ruhig und entspannt auf beiden Füßen stehen, diese sind bequem eine Handbreit auseinander.

2.2 Gestik

Achten Sie auf Ihre Gestik! Das ist Ihre Körpersprache. Wie wichtig die ist, was sie aussagt, ist in vielen Büchern beschrieben worden. Deswegen will ich hier aus Platzgründen auch nicht näher darauf eingehen. Nur so viel zur Wichtigkeit. Sie alle kennen sicherlich die Sketche des Mr. Bean. Dieser Mann arbeitet mit zwei Mitteln, die unsere Schlagfertigkeit oder generell unser Präsentieren unterstützen. Zum einen Gestik, zum anderen Mimik.

2.3 Mimik

Achten Sie auf Ihre Mimik! Aber achten Sie auch auf die Gestik und Mimik Ihrer Gesprächspartner. Denn das ist ein Spiegelbild ihres Verhaltens. Gestik und Mimik gehören unmittelbar zusammen und sind nicht voneinander zu trennen.

Denken Sie einmal nach, wann Ihnen das letzte Mal aufgefallen ist, sowohl positiv als auch negativ, dass Leute übertrieben ihre Gestik und Mimik eingesetzt haben. Mir fällt häufig extrem auf, wie sich Schauspieler in Talkshows darstellen. Die haben natürlich gelernt, ihre Gestik und Mimik einzusetzen. Für uns „Normalverbraucher" wirken solche Verhaltensweisen oft aufgesetzt und übertrieben, teilweise sogar gekünstelt. Hier kommt es eben darauf an, seinen eigenen, seinen persönlichen Stil zu finden. Mitunter ist es gut, auch oder gerade in Verkaufsverhandlungen, gewisse Sachen ruhig etwas übertrieben darzustellen, denn das signalisiert dem Gesprächspartner Begeisterung. Ich bin einmal während eines Verkaufsgespräches, in dem es darum ging, eine Produktpräsentation vor einem großen Publikum darzustellen, zur Verblüffung aller Teilnehmer auf einen Tisch gesprungen und habe von dort präsentiert. Damit wollte ich erreichen, dass unsere Gesprächsteilnehmer den Unterschied zwischen einer normalen Präsentation am Tisch und einer außergewöhnlichen Präsentation von einem Podium erkennen. Es hat geklappt, wir haben die für uns erforderlichen Präsentationsmöglichkeiten bekommen.

Auch das ist Schlagfertigkeit. Hier demonstriert durch Verhalten. Wie können Sie sich der Wirkung Ihrer Gestik und Mimik sicher sein? Ganz einfach:

Halten Sie im Stehen Ihre Hände in Gürtelhöhe oder etwas darüber. So können Sie das, was Sie sagen, durch eine leichte Geste unterstreichen. Im Sitzen sollten Ihre Hände immer sichtbar sein. Also, wenn möglich auf dem Tisch, oder wenn nicht möglich, auf den Oberschenkeln (den eigenen).

Trainieren Sie Ihre Gestik. Vorm Spiegel, vor Freunden, vor der Videokamera. Oder Sie besuchen Seminare, wo das eigene Auftreten speziell trainiert wird. Dort lernen Sie auch, Ihre Mimik gezielt einzusetzen. Wohin zeigen Ihre Mundwinkel?

Halten Sie Ihren Mund offen oder geschlossen? Rümpfen Sie die Nase? Bewegen Sie Ihre Augenbrauen? Versuchen Sie, so zu schauen, wie Sie von anderen gesehen werden möchten. Achten Sie auch auf die Mimik Ihrer Gesprächspartner. Denken Sie an das Spiegelbild.

Unterstützen Sie Ihre Mimik! Merkmale sind die Frisur, der Bart, die Brille, Schminke, Schmuck usw. Versuchen Sie, diese Dinge typgerecht einzusetzen. Wir gehen später noch näher darauf ein.

Ein weiteres Merkmal zur Unterstützung Ihrer Schlagfertigkeit sind Ihre Augen.

2.4 Blickkontakt

Halten Sie ständigen Blickkontakt! Sie brauchen ihn, um wahrnehmen zu können, ob Ihre Worte, Ihre Gestik, Ihre Mimik beim Gesprächspartner ankommen. Schauen Sie auf den Mund, in die Augen. Nehmen Sie die Signale, die Ihnen gesendet werden, auf. Speichern Sie, was Sie erfahren. Schlagfertigkeit hat mit Erinnerung zu tun. Was meinen Sie, wie verblüffend es für Gesprächspartner ist, wenn Sie ihn mit dem zitieren, was er in der Vergangenheit von sich gegeben hat! Von positiven Äußerungen wie „Das haben Sie sich gemerkt" oder „Eyh, Sie wissen das noch?", bis zu negativen wie „Sie können wohl gar nichts vergessen" – alles habe ich da schon gehört. Die

Bandbreite ist enorm. Sie sorgen für Verwirrung oder Anerkennung. Auch das ist Schlagfertigkeit. Bedenken Sie im Hinblick auf die Reaktion der Menschen, mit denen Sie zu tun haben, wie wichtig für diese die Aufrechterhaltung des Blickkontaktes durch Sie ist. Der Volksmund hat eine ganz einfache Aussage über Leute, die einem nicht in die Augen schauen können: „Der hat ein schlechtes Gewissen, der hat etwas zu verbergen." Lassen Sie es nicht soweit kommen.

2.5 Outfit

So langsam rundet sich das Bild unserer Wirkungsmittel. Zwei fehlen uns noch. Eines ist Ihr Outfit. Ja, Ihre Kleidung. Jetzt fragen Sie sich, was hat denn Schlagfertigkeit mit Kleidung zu tun?

Sehr viel. Denn „Kleider machen Leute". Jeder von Ihnen weiß sicherlich, wie der so genannte „erste Eindruck" entsteht. Worauf Menschen achten, die sich zum ersten Mal begegnen. Das Erste, was man von einem Fremden oder einer Fremden wahrnimmt, ist alles Äußere. Und dazu gehört nun einmal zu einem wesentlichen Bestandteil unsere Kleidung. Ich will hier jetzt keinen langen Vortrag über angemessene Kleidung schreiben. Aber wenn ich so mit meinen offenen Augen durch unsere Städte und Lande gehe oder fahre, manchmal auch fliege, da fliegt mir manchmal, um es einmal sehr salopp zu formulieren, „der Draht aus der Mütze". Das groß karierte Sakko in rot-grün-beige zu einer aubergineblau colorierten Glanzhose mit grauen Nadelstreifen, dazu weiße Tennissocken in heizkörperlackfarbenen Schuhen mit Flechtwerk; das etwas zu eng geratene schwarze Kostüm mit weißer Rüschenbluse und Perlenkette, dazu bordeauxfarbene, gemusterte Strümpfe in High Heels. Bitte schön, die Geschmäcker sind ja verschieden.

Aber ich weiß nicht, ob das unbedingt das richtige und angemessene Business-Outfit ist, selbst wenn ich Techniker bei einem Großkonzern bin oder Anzeigenverkäuferin eines Verlages.

Jeder sollte versuchen, seinen eigenen Stil zu finden. Kopieren Sie nicht, denn dann sind Sie ja kein Original mehr. Und das sollten Sie in jedem Fall sein, original der Typ, der Sie sein möchten. Und dazu gehört nun einmal das entsprechende Outfit. Sicherlich gibt es Leute, die nicht so das gewisse Händchen oder den Blick für das typgerechte Outfit haben. Aber auch hier gibt es Hilfe. In jeder Stadt gibt es mittlerweile jemanden, der oder meistens die sich auf das Thema „Typberatung" spezialisiert hat. Hier bekommen Sie gesagt, welche Farben zu Ihnen passen, ob Sie schmuckmäßig eher der Gold- oder Silbertyp sind, welche Farben ideal miteinander harmonieren. Wir Herren der Schöpfung sind ja weitestgehend von einer für die Damen sehr wichtigen Sache verschont geblieben, nämlich: Wie schminke ich mich richtig? Hier gilt häufig, meine Damen, Sie gestatten mir diesen Hinweis: Weniger ist mehr...

Finden Sie für sich Ihren Stil, Ihr richtiges Outfit. Denn stellen Sie sich einmal vor, Sie haben Ihrer Meinung nach ganz besonders schlagfertig reagiert, aber aufgrund Ihres Outfits verpufft die Wirkung völlig.

Sie merken, es sind doch einige Dinge zu beachten, damit Ihre Schlagfertigkeit zur Wirkung kommt. All die eben aufgeführten Merkmale unterstützen die Krönung der Schlagfertigkeit – die Sprache.

2.6 Sprache

Achten Sie auf Ihre Sprache! Sie ist das A und O der Schlagfertigkeit. Warum ist die Sprache so wichtig? Ganz einfach, die Rhetorik und somit eben auch die Schlagfertigkeit leben vom Spiel mit der Sprache. Gerade in Gesprächen, in Verhandlungen ist das Spiel mit der Sprache von größter Wichtigkeit. Überlegen Sie doch einmal, wie viele Möglichkeiten etwas auszudrücken unsere deutsche Sprache bietet. Welch ein Riesenunterschied es ist, ob ein Maurer sagt: „...da fällt mir doch was ein...", – oder – ein Dichter, ein Texter, ein Komponist oder ein Autor diese Aussage macht.

Die meisten von uns, die in Berufen tätig sind, in denen wir mit Menschen zu tun haben, z. B. Verkäufer oder Berater, haben von Natur aus ein entsprechendes Mundwerk mitbekommen. Das ist das Talent.

Um aber schlagfertig agieren oder reagieren zu können, reicht Talent allein nicht aus. Denn wesentlich wichtiger als das Talent ist bei der Anwendung der Schlagfertigkeit eine gehörige Portion Selbstvertrauen. Es gehört schon Mut dazu, bei einer Verhandlung auf einen Tisch zu springen. Oder, noch eine Anekdote aus meinem Leben, einem Bundesminister, dem ich bei einem Empfang vorgestellt wurde, auf dessen Äußerung „...ich freue mich, Sie kennen zu lernen!" zu fragen: „Meinen Sie das ehrlich?"

Viele Menschen, mit denen ich über diese Begegnung gesprochen habe, meinten, dass es sogar frech war, diese Frage zu stellen. O. K., mag ja sein, dass es ein bisschen frech war, aber wo hört Selbstvertrauen auf und wo fängt Frechheit an? Diese Frage muss jeder für sich selbst beantworten. Ich habe jedenfalls die Erfahrung gemacht: Um erfolgreich schlagfertig zu sein, braucht man auch etwas Frechheit.

Schauen Sie sich in Talkshows oder noch besser in Diskussionssendungen doch einmal an, wie viele Äußerungen ganz schön frech sind. Aber schaden diese Äußerungen der Diskussion? Meistens nein. Und so ist es doch auch bei Verkaufsverhandlungen oder in Gesprächen. Vertrauen Sie sich, vertrauen Sie dem, was Sie tun, vertrauen Sie dem, was Sie sagen. Während meiner Zeit als Verkaufsleiter einer großen Autovermietung wurde ich von einem Gesprächspartner gefragt: „Alle Autovermieter haben in etwa die gleichen Autos. Wo ist eigentlich der Unterschied zwischen einem Mercedes S-Klasse-Wagen von Avis, von Europcar, von Hertz, von Sixt, etc?"

Ich habe ruhig und entspannt zugehört (Blickkontakt), die Hände auf meinen Oberschenkeln (Gestik). Um die Antwort zu formulieren, habe ich mich vorgebeugt, die Hände auf den Schreibtisch des Gesprächspartners gelegt und mit leicht lächelnder Mimik geantwortet: „Herr B., der Unterschied sitzt direkt vor Ihnen!" Nach dieser schlagfertigen Reaktion, schlagfertig deswegen, weil Herr B. nicht mit dieser Antwort gerechnet hat, ist aus einem Gesprächspartner mein bis zum damaligen Zeitpunkt größter Kunde geworden.

Jetzt sagt sicherlich wieder jemand, ja – das muss einem aber auch erst mal einfallen. Stimmt! Aber auch das kann man lernen...

Übrigens, um meine Geschichte mit unserem Minister zu Ende zu bringen; Nach dem Stellen meiner Frage – ganz wichtig in dem Moment war es, den Blickkontakt zu halten – erwiderte dieser meinen Händedruck, überlegte kurz (zu erkennen an der Mimik, genau an der Stellung der Augen), schaute mir stumpf in die Augen und sagte mit sichtlichem Stolz auf seine jetzt folgende Antwort:

„Das hat mich ja noch nie jemand gefragt. Aber jetzt kann ich sagen, ja, ich meine es ehrlich! Wie kommen Sie eigentlich darauf, mich so zu fragen?" Aus dieser kurzen Vorstellung haben sich eine längere Diskussion und ein ganz tolles Gespräch ergeben. Dies ist ein Beispiel dafür, was Schlagfertigkeit bewirken soll, nämlich den Gesprächspartner zu überraschen. Sie ist wie ein Ball, der zwischen den an der Unterredung beteiligten Partnern hin- und hergeworfen wird. Der eine hält ihn länger, der andere gibt ihn gleich wieder ab, und mancher erzielt auch mal einen Treffer.

Bedenken Sie, Schlagfertigkeit soll nichts zerstören. Manchmal ist es gut, durch Schlagfertigkeit jemanden von seiner uns nicht zusagenden Meinung abzubringen oder ihn gar ruhig zu stellen.

Häufig ist es so, dass einem erst nach einem Gespräch immer die tollsten Sachen einfallen, die man hätte sagen sollen... Warum ist mir das nicht früher eingefallen? Warum bin ich darauf nicht schon eher gekommen? Das sind so typische Fragen, die man sich nach Gesprächen stellt. Was brauchen Sie, damit Ihnen in Zukunft so etwas nicht mehr passiert?

Sie brauchen einen schnellen Zugriff auf Wörter! Sie benötigen einen großen Wortschatz! Dazu einige Techniken der Kommunikation und etwas kreatives Denken.

3. Trainieren sie Ihren aktiven Wortschatz

Übungen zur Erweiterung Ihres Wortschatzes folgen, Kommunikationstechniken kennen Sie vom Verkaufen, zum kreativen Denken folgen ebenfalls einige Übungen.

Trainieren Sie zunächst Ihren schnellen Zugriff auf Wörter, vergrößern Sie Ihren aktiven Wortschatz! Wie? Ganz einfach! Lassen Sie sich in drei Minuten so viele Wörter wie möglich einfallen, die zum jeweiligen Thema passen.

3.1 Beispiele

Beruf = Kunden, Akten, PC, Telefon, Kollegen, Chef, Pförtner, Dienstwagen etc.

Theaterbesuch = Leute, Sekt, Loge, Bühne, Schauspieler, Garderobe, Fernglas, etc.

Eigene Beispiele:

_____

_____

_____

_____

_____

_____

_____

3.2 Finden Sie Wörter, die eine gleiche Bedeutung haben:

Katze = Schmusetiger, Haus = Gebäude, Wiese = Weide, Tür = Eingang etc.

Eigene Beispiele:

_____

_____

_____

_____

_____

_____

3.3 Beschreiben Sie in fünf Minuten Eigenschaften!

Wald = dunkel, feucht, kühl, frisch, duftig...

Fußball = kämpferisch, hart, toll, langweilig, spannend...

Fernsehen = bunt, öde, gesellig, faul, blöd, intelligent...

Eigene Beispiele:

_____

_____

_____

_____

_____

_____

Sonnenfinsternis =

_____

Seminare =

_____

Frühstück =

_____

Stadtbummel =

_____

Hochzeit =

_____

Flohmarkt =

_____

3.4 Notieren Sie in fünf Minuten verschiedene Bedeutungen eines Wortes!

Beispiel:

Pass = Reisepass, Steilpass, St. Gotthard-Pass, Passfoto, Passage, Passwort...

Pilz = Atompilz, Schimmelpilz, Herr Ober, vier Pils, Pilzsuppe...

Eigene Beispiele:

_____

_____

_____

_____

_____

_____

3.5 Notieren Sie, was Sie mit den Vorräten in Ihrem Kühlschrank alles machen können. *(Zeit: 5 Minuten)*

_____

_____

_____

_____

_____

_____

Beschreiben Sie in fünf Sätzen eine Mahlzeit.

_____

_____

_____

_____

_____

Beschreiben Sie einen Papagei, ohne das Wort zu nennen: (3 Minuten)

_____

_____

_____

_____

_____

_____

3.6 Notieren Sie fünf Minuten lang Tätigkeiten, die Sie mit Dingen tun können!

Beispiel:

Lampe = anmachen, leuchten, ausmachen, werfen, schlagen, schmücken...

Ball = fangen, werfen, schießen, verlieren, bemalen...

Eigene Beispiele:

_____

_____

_____

_____

_____

_____

_____

3.7 Notieren Sie Doppeldeutigkeiten:

Beispiele: anmachen = anstellen, anbaggern; vorstellen = Person vorstellen, Autositz vorstellen

Eigene Beispiele:

_____

_____

_____

_____

_____

3.8 Trainieren Sie Ihre Artikulation!

Lesen Sie laut aus der Zeitung vor. Nehmen Sie es mit einem Diktiergerät auf, kontrollieren Sie sich selbst. Notieren Sie, was Sie verbessern wollen.

_____

_____

_____

_____

_____

_____

3.9 Sprechen Sie mit einem Korken zwischen den Zähnen.

Sprechen Sie laut, sprechen Sie leise. Legen Sie Wert auf Betonung.

4. Techniken der Schlagfertigkeit

Trainieren Sie Techniken der Schlagfertigkeit!

Techniken haben den Vorteil, dass man sie lernen kann. Es gibt viele Techniken: Lassen Sie mich hier die mir vertrautesten und, aus meiner Erfahrung heraus gesehen, die verwendbarsten und erfolgreichsten vorstellen. Ich möchte hier nicht über theoretische Dinge schreiben, von denen ich gehört, aber die ich selbst nie angewendet habe.

4.1 Das absichtliche Missverständnis

Legen Sie die Dinge bewusst anders aus, als sie gemeint sind. Sie werden erleben, wie verblüfft Ihre Gesprächspartner reagieren. Wirkt auch hervorragend, um die Stimmung aufzulockern.

Hier einige Beispiele der Anwendung (nicht nur von mir). Die Beatles wurden auf einer ihrer ersten Reisen in die USA in einem Fernsehinterview gefragt, wie sie denn die USA so finden würden? Worauf John Lennon antwortete: „Das ist für einen Engländer ganz einfach. Bis Grönland immer geradeaus und dann links..."

Ich wurde 1987, also noch vor der deutschen Wiedervereinigung, auf einer Reise durch die USA in einem Fernfahrertreff in Nevada, wo ich mit meinen Reisebegleitern etwas aß, vom Gastwirt gefragt, was für einen komischen

Dialekt wir denn sprechen würden. Ich antwortete ihm, das ist kein Dialekt, das ist eine eigene Sprache. Wir sprechen Deutsch. Worauf er den Schluss zog, wenn wir Deutsche seien, dann lebten wir ja in einem kommunistischen Land, und fragte, wie wir denn da herausgekommen wären? Ich habe ihm geantwortet: „Wir sind bis New York geschwommen und dann mit einem Auto weitergefahren."

Gerade junge Leute finden diese Technik der Schlagfertigkeit hervorragend. TV-Leute wie Stefan Raab, Harald Schmidt und Karl Dall bauen solche Missverständnisse absichtlich in ihre Gespräche ein und sorgen damit für viel Heiterkeit. Der Vorteil dieser Technik liegt darin, dass Sie Ihren Gesprächspartner auf humorvolle Art zum Nachdenken zwingen, sodass er sich wesentlich mehr auf das konzentriert, was Sie sagen. Und das soll ja gerade in Verkaufsverhandlungen auch nicht unwichtig sein.

Trainieren Sie diese Technik:

Beispiel:

Frage: „Wie lange hält der Zug?"
Antwort: „Bei guter Pflege dreißig Jahre."

Tourist zum Angler: „Na, beißen die Fische?"
Angler: „Nee, die kannst du ruhig streicheln."

Finden Sie ähnliche Beispiele.

4.2 Übergehen

Eine weitere, oft angewendete Technik ist das Übergehen. Einfach auf gewisse Dinge gar nicht eingehen, schlichtweg überhören. Diese Technik erfordert eine ziemliche Selbstbeherrschung. Denn gerade als Verkäufer ist man häufig geneigt, auf alles, was es an eventuellen Einwänden gibt, einzugehen. Hierbei liegt die Kunst der Schlagfertigkeit darin, nicht zu „schlagen". Besonders empfehlenswert ist das Übergehen beim Umgang mit Provokantem. Es soll ja

Leute geben, die einen Riesenspaß daran haben, andere zu provozieren. Gerade in Gesprächen. Mir ist es vor vielen Jahren mit dieser Technik gelungen, einen „Mobber" ruhig zu stellen.

Dieser versuchte immer wieder, mich und meine damaligen Mitarbeiter der Verkaufsabteilung mit irgendwelchen provokanten Äußerungen über unsere Tätigkeit sowie das Berufsbild des Verkäufers aus der „Fassung" zu bringen. Es machte ihm einfach Spaß, Leute auf die Palme zu bringen. Wir haben sein Spiel aber schlichtweg ignoriert und sind überhaupt nicht darauf eingegangen. Wir haben ihn in den „leeren Raum" quatschen lassen. Irgendwann hat er es dann sein lassen, sich auf uns einzuschießen. Er hat aber andere gefunden, die sein Spiel mitgemacht haben.

4.3 Übertreibung

Ebenfalls gut bewährt hat sich aus meinen Erlebnissen die Übertreibung. Der mit Preisen für seinen spielerischen Umgang mit der deutschen Sprache überhäufte Harald Schmidt z. B. übertreibt ständig. Ob in der Ankündigung seiner Gäste (jeden Abend der Erfolgreichste, der Größte, die Schönste etc.) bis hin zu Summen, was Projekte gekostet haben (Beispiel: Neues SAT 1-Zentrum in Berlin, Zitat: „Allein die Eingangstür hat 8 Millionen gekostet..."). Diese Technik ist sehr gut geeignet, wenn Sie Dinge nicht genau beantworten wollen. Nur, achten Sie bitte darauf, *wie* Sie es sagen. Die Übertreibung sollte immer in Verbindung mit einer gewissen Ironie stehen.

In diesem Zusammenhang fällt mir ein Riesenerfolgserlebnis ein, das mir eine Teilnehmerin aus einem Seminar bescherte. Anfang 1999 beauftragte mich ein Musik-Produzent, mit einigen seiner jüngeren Künstlerinnen und Künstlern Medienauftritte zu trainieren. Ein Bestandteil dieses Seminars ist das Üben von Verhalten bei Interviews. Und dazu gehört nun auch das Thema Schlagfertigkeit und somit auch die Technik der Übertreibung. Etwa drei Monate nach der Durchführung dieses Trainings traf ich eine der Teilnehmerinnen zufällig in einem Restaurant wieder. Bevor ich die Dame überhaupt richtig begrüßen konnte, fiel diese mir um den Hals, küsste mir die Wangen und bedankte sich nochmals für das tolle Seminar. Jetzt wollte ich natürlich wissen, warum sie so dankbar war. Wir gingen zu einem Tisch, wo sie mir die Mitglieder ihrer jetzigen Gruppe (Sängerinnen) vorstellte. Und sie erzählte: „Weißt du, wir kommen gerade von einem Interview bei ... TV. Und da ich neu in der Band bin und außerdem die Jüngste, hat der Moderator überwiegend mich befragt. Und dann wollte er mich wohl 'auf den Arm nehmen' und fragte: „Mit wem musstest Du eigentlich schlafen, um in die Gruppe aufgenommen zu werden?" Erst war ich wie vor den Kopf gehau´n, dann hab ich gesagt: 'Mit den Rolling Stones, mit Bill Clinton und mit Helmut Kohl!' – Klasse, wa?"

Ja, das war klasse. Denn unsere junge Künstlerin hat genau die Technik der Übertreibung angewendet. Dessen ist sie sich, als sie mich wiedergesehen hat, bewusst geworden. Übrigens war der Moderator aufgrund ihrer Antwort so baff, dass er das Interview (Aufzeichnung) für einige Minuten unterbrochen hat, um sich erst einmal wieder „zu sammeln".

4.4 Umformulierung

Eine meiner favorisierten Techniken ist die **Umformulierung**! Hier geht es darum, negative Aussagen in positive umzuwandeln, oder unangenehme Fragen so zu formulieren, dass sie angenehm sind..., oder auch umgekehrt. Sie merken schon, wir steigern uns.

Denn wir haben es ja nicht nur mit angenehmen Zeitgenossen zu tun, wie unser vorheriges Beispiel zeigt.

Wie die Umformulierung funktioniert, habe ich beschrieben. Aber auch hier einige Beispiele sowie ein bisschen Platz für eigene Erlebnisse und Reaktionen.

Auf einer Incentive-Veranstaltung eines großen deutschen Unternehmens, die von einer Agentur, für die ich damals tätig war, durchgeführt wurde, war neben vielen anderen Aktivitäten auch ein Golf-Schnupper-Kurs angesagt. Auch ich habe teilgenommen und wurde eingeteilt in eine Gruppe mit einem der Bosse dieses Großunternehmens und dessen Ehefrau. Wir alle drei waren blutige Anfänger und haben mehr die Maulwürfe in ihrem Lebensraum gestört, als dass wir einen dieser Bälle wegschlagen konnten. Zugegeben, nach zwei Stunden Übung haben wir dann auch mal den einen oder anderen Ball getroffen, aber gut war das sicherlich nicht. Trotzdem fühlten wir uns klasse, quatschten auf dem Weg zurück in unser Hotel wie die Profis und waren richtig gut drauf. Bis zu dem Zeitpunkt, als der Agenturinhaber, also der Kunde, zu uns an den Tisch trat und sagte: „Wenn ich Euch Vögel auf dem Platz rumhacken sehe, fällt mir gar nichts mehr ein...". Sicherlich war das witzig gemeint, es kam aber nicht an. Dem Chef des Großkunden fiel fast der Löffel aus der Hand, seine Ehefrau war sprachlos und schaute empört ihren Mann an. Auch ich war, zugegeben, fast sprachlos – aber nur fast. Ich habe ganz ruhig meinen Suppenlöffel auf den Tisch gelegt und den Herrn gefragt: „Herr X., wissen Sie überhaupt, warum wir 'die Vögel' genannt werden?" Er schaute, wie auch das Ehepaar, erwartungsvoll auf mich und schüttelte den Kopf. Dann meine Antwort: „Weil wir einen Birdie nach dem anderen gespielt haben." Das Ehepaar schaute sich an, begriff und fing laut an zu lachen. Auch der Agenturchef fiel, wenn auch etwas gequält, in das Gelächter ein. Die Situation war gerettet.

Kennen Sie Situationen, in denen Ihnen Ähnliches passiert ist?

Notieren Sie:

Situation:

_____

_____

_____

_____

Reaktion:

_____

_____

_____

_____

Ein Freund von mir betreut in seiner Freizeit eine Fußballmannschaft, ein Altherrenteam. Aus Erfahrung weiß ich, dass in diesem Alter im Spiel mehr gemeckert und geredet wird, als dass man Fußball spielt. Er erzählte mir folgende Geschichte. In der Halbzeit eines Spieles bekamen sich zwei der Spieler seiner Mannschaft „in die Haare". Der eine, nennen wir ihn Spieler A, titulierte den anderen neben einigen anderen Schimpfwörtern mit: „Du Krücke!" Der andere, Spieler B, sagte daraufhin nur: „Danke!"

Der Dialog ging weiter:

Spieler A: „Wieso Danke?"

Spieler B: „Danke für das Kompliment!"

Spieler A: „Welches Kompliment?"

Spieler B: „Du hast mich gerade gelobt! Du hast mich als Krücke bezeichnet."

Und dann laut in den Raum: „Eine Krücke ist eine Stütze. Und somit bin ich eine Stütze, vielleicht sogar eine Stütze der Mannschaft."

Alle Spieler in der Kabine haben dann erheitert wild durcheinander diskutiert über die Bedeutung von Krücke und Stütze. Der Betreuer hat schließlich das Wort ergriffen und die Mannschaft auf den Platz geschickt mit den Worten: „Jetzt stützt Euch gegenseitig, das Zeug dazu habt Ihr ja, Ihr ... Krücken!"

Auch hier wurde vom Spieler B die Technik der Umformulierung angewendet.

Eigene Erlebnisse:

_____

_____

_____

_____

_____

_____

Eigene Reaktionen:

_____

_____

_____

_____

_____

_____

4.6 Fragetechnik

Kommen wir jetzt zu der von mir absolut favorisierten Technik, der Fragetechnik. Jeder von Ihnen, der sich mit dem Verkauf auskennt, kennt aus der Bedarfsermittlung verschiedene Fragetechniken. Die offene Frage, die geschlossene, die dirigierende, die umformulierende (Beispiel Kapitel 4.4 Umformulierung), die Suggestivfrage, die Gegenfrage, die rhetorische Frage, usw. Ich gehe einmal davon aus, dass die Anwender dieses Buches sich mit den unterschiedlichen Fragetechniken auskennen. Wenn nicht, bin ich gern bereit, seminartechnisch einzugreifen.

Es gibt das Sprichwort, man muss auf alles eine Antwort haben. Gut, wenn es so ist...

Ich meine, besser ist es, auf alles eine Frage zu haben.

Die von mir bisher hier aufgeführten Techniken in Frageform anzuwenden ist die, wie ich herausgefunden habe, ideale Form der Schlagfertigkeit.

Ich habe mich durch die Fragetechnik aus einer der schlimmsten Situationen meines Berufslebens herausmanövriert. In einer meiner Rundfunk-Talks habe ich mit Hörerinnen und Hörern in der Sendereihe „der Job-Talk" über das Thema „Was ist besser im Beruf, duzen oder siezen" (auch eine Fragetechnik: Alternativfrage) gesprochen. Die Sendung lief sonntags live von 18 bis 20 Uhr, einer für uns guten Sendezeit, denn nicht alle gucken Sport. Manche interessieren sich auch für Beruf und Weiterbildung. Also, die Leute rufen an und wir diskutieren, teilweise auch die Hörer untereinander (ist ja technisch heute alles möglich). Ich sehe auf einem Monitor Daten von den Anrufern, die in der Sendung mitreden möchten.

Diese werden vom Regisseur eingegeben, der mit den Interessenten spricht, bevor sie als Gesprächspartner in die Übertragung gelangen. Normalerweise waren die Anrufer zwischen 25 und 60 Jahre alt, je nach Thema auch mal jünger. Auf dem Monitor sehe ich also die Vornamen, das Alter, den Ort des Anrufers. Viele warteten in der Leitung, ich entschied mich, mit Anruferin H. zu reden. Ihr angegebenes Alter: 72 Jahre. Folgender Dialog entwickelte sich:

Talker: „Hallo und guten Abend H., Sie sind jetzt auf Sendung."

Anruferin H.: „Na dufte. Kennst du mich denn gar nicht?"

Talker: „Nein, tut mir leid. Ich bin noch nicht so lang in der Stadt. Ich kann noch nicht alle Menschen hier kennen. Aber ich arbeite daran..."

Anruferin H.: „Na, mein Kleiner... Mich kennen aber alle hier. Ich stehe immer an der Gedächtniskirche mit dem Schild „Fi... macht frei!"

Unserer Anruferin war es wieder einmal gelungen, in einem Medium zu provozieren und auf sich und ihre frivole „Weltbewegung" aufmerksam zu machen. Ich registrierte in Bruchteilen von Sekunden das Gesagte, sah wie mein Regisseur seinen Kopfhörer in die Ecke feuerte, die anderen im Sender anwesenden Kolleginnen und Kollegen sich die Haare rauften oder entsetzt auf mich im gläsernen Studio schauten. Ich gebe ja zu, auch ich war im ersten Moment wie vom „Donner gerührt". Dann habe ich tief Luft geholt und drei Fragen nacheinander abgefeuert:

„Liebe H., was hat deine Aussage mit unserem Thema zu tun?"

„Unser Thema lautet: Soll man sich im Berufsleben duzen oder soll man sich siezen?"

„Welche Erfahrungen hast du denn gemacht?"

Wie aus der Pistole geschossen kam die Antwort: „Menschheit duzt, Herrschaft siezt!"

Meine nächste Frage: „Woher hast du diese Erkenntnis?"

Sie erzählte dann von ihrem Leben als junge Frau auf einem Rittergut in Pommern und so weiter und so fort. Wir haben dann ein ganz tolles Gespräch geführt.

Nach der Sendung war ich, zugegeben, erst mal ganz schön ausgelaugt.

Wir haben uns im Sendeteam plus mittlerweile aufgetauchtem Chefredakteur noch einmal die Passage mit der Provokation und den dann folgenden Dialog angehört und festgestellt, dass es hier gelungen ist, durch die Fragetechnik dem Gespräch einen ganz anderen Verlauf zu geben, als die Anruferin sich das gedacht hatte. Sie können sicherlich verstehen, dass ich seit diesem Erlebnis ein Fan der Fragetechniken bin.

Auch Sie können durch gezieltes Fragen, vielleicht in Verbindung mit anderen Techniken wie Witzigkeit oder gespielter Doofheit, schlagfertig reagieren.

Beispiele:

Chef schimpft (begründet oder unbegründet)

Reaktion:

– Warum haben Sie mir nicht gesagt, dass Sie das so haben möchten?

– Warum erfahre ich das erst jetzt? Warum bin ich darüber nicht informiert worden?

– Wie kann ich das wieder gutmachen? (Wenn er begründet schimpft)

Eigene Beispiele:

_____

_____

_____

_____

_____

_____

Ich möchte Ihnen noch einige Kommunikationstechniken mit auf den Weg geben.

Bedenken Sie, es kommt immer darauf an, *wie* Sie artikulieren. Zu 80 % achtet ein Mensch zunächst einmal darauf, *wie* etwas gesagt wird. Und nur zu 20 % darauf, *was* Sie gesagt haben.

Fragen Sie, wenn etwas behauptet wird:

Woher haben Sie diese Informationen?

Waren Sie bei dem Ereignis dabei oder haben Sie es nur gehört?

4.7 Streitgespräche

Schlagfertigkeit hat auch damit zu tun, die Meinung oder das Gesagte des Gesprächspartners infrage zu stellen. Versuchen Sie doch einmal in einem Streitgespräch (kann auch Spaß machen), die Aussage eines anderen zu **wiederholen**. Wenn es Ihnen dann gelingt, das als Wiederholung Gesagte zu übertreiben, sodass dem Gesprächspartner seine eigene Äußerung absurd erscheint, dann haben Sie diese Gesprächsrunde gewonnen.

Dazu noch ein Beispiel. Kurz nach Beginn eines Seminars fragte mich ein junger „Dynamiker", der sich schon bei der Vorstellungsrunde den anderen Teilnehmern gegenüber als nicht gerade kooperativ geoutet hatte: „Welcher Schwachkopf hat Sie eigentlich beauftragt, dieses Seminar zu leiten?"

Meine Antwort mit freundlicher Mimik und Augenkontakt: „Der gleiche Schwachkopf, der Sie eingestellt und hierher geschickt hat!" Danach habe ich lächelnd die anderen Teilnehmer angeschaut und gemerkt, das war gut. Dass unser „Dynamiker" daraufhin den anderen und mir gegenüber etwas zurückhaltender war, werden Sie verstehen. Er hat sich übrigens später bei allen Anwesenden mit einer Runde Getränke entschuldigt.

5. Wichtiges zum Thema Schlagfertigkeit

Es geht bei unserem Thema nicht um Gewinnen und Verlieren. Es gibt aber Situationen, da müssen wir uns beweisen. Es gibt Gesprächspartner, die wollen provozieren, die wollen Leute „aus der Reserve locken". Die wollen wissen, mit wem sie es zu tun haben. Bedenken Sie, ein Gespräch besteht immer aus mehreren Runden. Und am Ende einer Unterredung wird abgerechnet. Und da wäre es schön, wenn beide Parteien als Sieger aus einer Unterredung, aus einer Verhandlung herausgehen.

Versuchen Sie, Schlagfertigkeit in der Gesprächsführung zu Ihrem Vorteil zu nutzen.

Denn Schlagfertigkeit ist die Kunst, angemessene Worte zu finden!

Literatur:
Die Magie der Schlagfertigkeit, Christoph und Matthias Dahms
Nicht auf den Mund gefallen, Matthias Pöhl
Dialektik für Manager, Rupert Lay
Weitere Bücher: Vera F. Birkenbihl, Dr. Carsten Bredemeyer

6. Weitere Übungen

Üben Sie die Verbesserung Ihrer Schlagfertigkeit. Vorschlag: Machen Sie pro Tag, oder auch nur pro Woche, zwei Übungen. Oder auch mehr – lassen Sie sich eigene Übungen einfallen. Schauen Sie Gesprächsrunden im Fernsehen an und überlegen, was Sie in der Situation gesagt hätten. Lesen Sie Interviews und lassen die Antworten von einer Kollegin oder einem Freund oder von Ihrem Partner/Ihrer Partnerin abschwärzen und üben Sie so, was Sie geantwortet hätten. Üben Sie Schlagfertigkeit mit Freunden.

6.1 Erzählen Sie eine Geschichte

Erzählen Sie eine Geschichte, in der die Wörter: Karamellpudding, Einkaufswagen, Bundeskanzler, Notgroschen, Suppenkelle vorkommen.

Erfinden Sie eigene Geschichten mit selbst oder von anderen gewählten Wörtern!

_____

_____

_____

_____

_____

_____

6.2 Wörter in alphabetischer Reihenfolge

Erzählen Sie nach drei Minuten eine Geschichte mit Wörtern in alphabetischer Reihenfolge (es kommt nicht so genau drauf an, Hauptsache ist – Sie sind kreativ)!

Beispiel:

Aldi bietet Cremesuppen durch eine fehlerhafte Großanzeige.*)

Lassen Sie sich Buchstaben einfallen und machen daraus eine Geschichte:

Beispiel: G, F, E, D, C, B, A

Gunda frisst eine durch Chemikalien besprühte Ananas.**)

Gerd fährt erstmals durch China, berichtet AP.***)

_____

_____

_____

_____

_____

_____

Erklärung: *) Autor benötigte 38 sek., **) Autor benötigte 62 sek. ***) 12 sek.

6.3 Bilden Sie 5 Minuten lang Wörter

...die mit b beginnen: bibbern, blödeln, buddeln, borgen, bieten...

_____

_____

_____

_____

_____

_____

_____

Bilden Sie 10 Minuten lang Wörter, die mit B beginnen: Bildung, Beamter, Braumeister, Bauer, Biene, Blasebalg....

_____

_____

_____

_____

_____

_____

_____

_____

6.4 Finden Sie 4 Minuten lang Tätigkeitswörter

mit e: eilen, eggen, ereifern, erregen, essen...

_____

_____

_____

_____

_____

_____

_____

mit t: teilen, trennen, träumen, treten, tätowieren...

_____

_____

_____

_____

_____

_____

_____

6.5 Bilden Sie 3 Minuten lang Adjektive zur Schilderung Ihres letzten Urlaubs

verregnet, stressig, langatmig, gigantisch, kurzweilig...

_____

_____

_____

_____

_____

_____

_____

6.6 Schildern Sie 5 Minuten lang Ihren Job! Vorbereitungszeit: 15 Minuten!

Stichworte:

_____

_____

_____

_____

_____

_____

_____

_____

_____

_____

6.7 Notieren Sie Ihre Spontanreaktion auf folgende Angriffe:

Sie sind mit dieser Aufgabe doch hoffnungslos überfordert!

Dein Vorgänger wäre schon lange fertig gewesen!

Du bist gefühlvoll wie ein Amboss!

Du lügst!

6.8 Achtung, wenn der „Angreifer" Fragen stellt!

Warum haben Sie uns nicht vorher gesagt, dass Sie davon keine Ahnung haben?

Weshalb haben Ihre Mitarbeiter eine so schlechte Meinung von Ihnen?

Warum bist du nicht ehrlich zu mir?

Seit wann bist du darüber informiert?

Wie soll es mit uns eigentlich weitergehen?

6.9 Erarbeiten Sie sich eine eigene Schlagfertigkeitsstrategie!

Machen Sie sich einen Ablaufplan!

Schritt 1 _____

Schritt 2 _____

Schritt 3 _____

usw. Sie legen fest, wie viel Schritte zur Durchsetzung Ihrer Sache erforderlich sind.

6.10 Was können Sie an Ihrem nächsten freien Wochenende unternehmen (5 Minuten)?

_____

_____

_____

_____

6.11 Bilden Sie ähnlich klingende Wörter, fantasieren Sie:

Kommunisten ... Komponisten

Hydranten   ... Hyazinthen

Bagatellen   ... Bagaluten

Pyrenäen   ... Pygmäen

6.12 Formulieren Sie Sätze, in denen alle Wörter mit dem gleichen Buchstaben beginnen:

Gestern ging Gustav gerade gen Garage, gelobte gutes Gelingen.

Manfred meckert meistens mit Mama.

6.13 Erzählen Sie eine Geschichte, in der folgende Wörter vorkommen:

Rubin, Diamant, Gold, Eisenbahn, Fußballprofi, Schauspieler, Polizist, Taxifahrer

6.14 Formulieren Sie um:

Das ist mir zu teuer!

_____

Das kann Ihr Wettbewerber besser!

_____

_____

Damit kann ich nichts anfangen!

Dieses Training bringt doch nichts!

Das braucht kein Mensch!

8. Tipps

Lassen Sie sich eigene Sachen einfallen!

Sprechen Sie mit sich selbst, analysieren Sie so geführte Gespräche!

Gehen Sie Diskussionen vorher im Kopf durch!

Lassen Sie sich von anderen nicht zu sehr beeindrucken, sondern lernen Sie!

Besuchen Sie Trainings und Seminare zu diesem Thema! (Hier treffen Sie Gleichgesinnte.)

Der Autor

Rolf Lindemann

Die sechs Hüte des Denkens

Rolf Lindemann ist als Führungskräfte-Trainer bekannt für kreative Methoden zur Konfliktlösung in verschiedensten Situationen, denen Manager oder Organisationen im Alltag begegnen. Die Schwerpunkte seiner Tätigkeit liegen in den Sektoren Rhetorik- und Verhaltenstraining.

Die sechs Hüte des Denkens

Der Weg, Besprechungen effektiver zu machen

Wer kennt sie nicht: die zahllosen und häufig auch endlosen Meetings. Unabhängig davon, ob die Zahlen diverser Untersuchungen über den einschlägigen Zeitverbrauch repräsentativ die Wahrheit treffen oder nicht – im Grunde empfinden die meisten Teilnehmer von Meetings sowohl den Inhalt als auch den Ablauf viel zu häufig als langweilig und unstrukturiert. Das Ergebnis in der Folge wird natürlich dann entsprechend als unbefriedigend bezeichnet. Geht man nun jedoch den Gründen für die Ansetzung der verschiedenen Meetings nach, herrscht bei den befragten Personen dagegen überraschenderweise größtenteils einhellige Zustimmung zum Sinn des Treffens.

Ist dies nicht ein Widerspruch? Sicher nicht! Im Gegenteil: Es schält geradezu frappierend deutlich den Kern der Problematik heraus: Aufbau, Ablauf und Struktur sind Stein des Anstoßes, nicht das Meeting an sich. Hier gilt es anzusetzen. Gerade Besprechungen, die ein Verkaufsleiter für sich und seine Mitarbeiter ansetzt, bedeuten in der Regel einen erheblichen logistischen Aufwand. Nicht nur, dass das Meeting selbst Zeit braucht, für die Außendienst-Mitarbeiter kommt noch die pure Fahrzeit und damit viel totes Stunden-Kapital hinzu.

Die sechs Hüte des Denkens schaffen hier für viele Fälle eine geradezu ideal einfache und produktive Strukturierung. Bevor auf die „Hüte" näher eingegangen wird, aber noch vorausschickend einige grundsätzliche Betrachtungen zu Besprechungen bzw. Meetings.

> **Besprechungen gelten als
> „Mittel kooperativer Aufgabenerfüllung".**

Die diesem Ansatz zugrunde liegende Erkenntnis heißt also, dass sinnvoller-
weise an einem Meeting nur teilnehmen sollte, wer zu der jeweils beabsichtig-
ten „kooperativ zu erfüllenden Aufgabe" auch wirklich beitragen kann. Allein
die nüchterne Ausdünnung des Teilnehmerkreises bringt also schon so manche
Entlastung. Eben nicht nur für diejenigen, die nicht teilnehmen, sondern auch
für die, die dabei sind, da sich Redezeit und Gewicht besser auf sie verteilen.
Interessant ist in der Folge eine weitere Definition von Besprechungen:

> **Besprechungen sind eine**
> ■ vorbereitete Zusammenkunft
> ■ von etwa fünf bis zehn Personen
> ■ die im Rahmen ihrer Aufgabenerfüllung
> ■ unter Leitung oder Moderation
> ■ Informationen und Argumente zu einem Thema
> ■ zielgerichtet austauschen.

Das Hauptaugenmerk hat bei dieser Definition im Wesentlichen auf drei
Aspekten zu liegen:

1. „Vorbereitete Zusammenkunft"

Unter Vorbereitung ist keineswegs die bloße Reservierung eines geeigneten
Besprechungsraums und adäquater Verpflegung zu verstehen. Gerade bei der
Vorbereitung wird in der Praxis zu nachlässig gearbeitet. Einige Fragen, deren
Beantwortung mit Ja! ein gut vorbereitetes Meeting signalisiert:

- Haben alle Teilnehmer ausreichend Unterlagen und Informationen zu den Besprechungspunkten erhalten?

- Besteht genügend Zeit und Gelegenheit, sich auf diese Punkte auch auf der gesamten Teilnehmerseite vorzubereiten?

- Wurde so rechtzeitig eingeladen, dass alle Teilnehmer ohne Probleme kommen können?

- Ist allen Teilnehmern die Zielsetzung der Besprechung bekannt?

- Sind alle Rahmenbedingungen geschaffen für ein produktives Meeting?

2. Unter Leitung oder durch Moderation

Ein geradezu klassischer Fehler ist die Gleichsetzung der Besprechungsleitung mit der Moderation eines Meetings. Leitung und Moderation sind zwei grundverschiedene Methoden, die den Charakter und den Ablauf von Besprechungen stark unterschiedlich prägen. Ein Meeting-Leiter wird (und soll in der Regel auch) Inhalt und Ergebnis massiv beeinflussen. Erwünschte Ergebnisse sind entweder schon vorab von ihm definiert, und das Meeting hat den Zweck, Zustimmung einzuholen und Aufgaben zu verteilen. Oder der Leiter ordnet und bestimmt zumindest den konkreten Ablauf nach seinen Vorstellungen.

Moderation hingegen bedingt eine wesentlich offenere Form von Besprechungen. Der Moderator hat sich grundsätzlich vollkommen neutral zu verhalten und nach Möglichkeit zur Gänze die Einbringung seiner persönlichen Meinung zu vermeiden. Vielmehr ist er für den ausgewogenen und kreativen Verlauf des Meetings zuständig und beauftragt, die einzelnen Positionen ohne persönliche Prägung zu koordinieren und auf einen Nenner zu bringen. Die

Form der Moderation wird deshalb auch gezielt bei thematisch komplexen Besprechungen gewählt.

Gerade der Verkaufsleiter nimmt subjektiv aus seiner Sicht sozusagen wahlweise die Position des Leiters oder des Moderators ein. Objektiv betrachtet verkümmert in der Realität die Moderation in der Regel zu einer mehr oder weniger offen zutage tretenden Form des Durchsetzens eigener Ansichten. Vorsicht ist hierbei dringend anzuraten. Leitung und Moderation sind konsequent voneinander zu trennen.

3. „... zielgerichtet austauschen"

Die Konsequenz des Wortes „zielgerichtet" wird bei so manchem Meeting vermisst. Was nützt ein Meeting ohne konkrete Ergebnisse? Was nützen im Meeting festgelegte Maßnahmen, wenn keine Verantwortlichen dafür benannt werden? Wie soll „Zug" entstehen, wenn keine Termine für die Fertigstellung bestimmter Aufgaben festgelegt wurden? Aber auch während eines Meetings sollte bei allen Beteiligten diese Zielorientierung spürbar sein. Abschweifen und Monologe sind zwar allgemein in Verruf, genauso konsequent aber auch allgemein verbreitet.

Unabhängig von der Definition einer Besprechung sollte man sich darüber hinaus aber noch tiefer gehende Gedanken über deren tatsächlichen Sinn machen. Besprechungen sind nämlich dann sinnvoll, wenn folgende Fragen positive Antworten finden:

■ Ist für eine oder mehrere anstehenden Entscheidungen eine breite Übereinstimmung notwendig?

■ Sind für eine oder mehrere Entscheidungen das Wissen und die Erfahrungen verschiedener Teilnehmer erforderlich?

■ Handelt es sich **nicht** um eine Routine-Entscheidung?

■ Vertreten die Beteiligten unterschiedliche Interessen und Standpunkte, die auf einen gemeinsamen Nenner gebracht werden sollen?

■ Sollen Aufgaben unterschiedlicher Abteilungen/Dienststellen koordiniert werden?

■ Ist hohe Akzeptanz und Engagement beim Umsetzen der Entscheidung erforderlich?

■ Bedarf es zur schlüssigen und vollständigen Verbreitung bestimmter Informationen und Sachverhalte unbedingt eines persönlichen Treffens der Beteiligten?

■ Ist der Ausgang einer Entscheidung völlig offen und soll durch die Besprechung diese Entscheidung deutlich forciert werden?

■ Sollen die Konsequenzen einer Entscheidung oder eines Sachverhalts in einen konkreten Maßnahmenkatalog unter Beteiligung der Betroffenen umgesetzt werden?

■ Können verhaltensspezifische Aspekte zum besseren Umgang miteinander im speziellen Fall tatsächlich im Rahmen einer Besprechung mehrerer Personen befriedigend gelöst werden?

■ Gibt es keine andere, für alle Beteiligten zeitsparendere Form der Situationsbewältigung?

Meetings, die ohne konkreten Anlass oder Nutzen quasi um „des Meetings willen" durchgeführt werden, gehören zu den schädlichsten Elementen einer Unternehmenskultur. Zeitpläne von Abertausenden von Führungskräften, Vertriebsmitarbeitern und anderen Mitarbeitern sind übers Jahr hinweg gesehen gefüllt mit solchen unnötigen Meetings. Ein rigoroser Kahlschlag würde bei ihnen nahezu ohne jeglichen Nachteil und Reibungsverlust ungeahnte Ressourcen von Zeit, Kreativität und Produktivität freisetzen. Vor der konkreten Betrachtung einer sinnvollen Besprechung und dem Einstieg in das Modell „Die 6 Hüte des Denkens" deshalb ein entscheidender Tipp zur Vermeidung zahlreicher unnötiger Meetings:

Stellen Sie sich die Anforderung:

Kürzen Sie die Zahl der Meetings rigoros um 50 %!

Für alle entfallenden Besprechungen wird, falls erforderlich, als Vorgesehensweise ein adäquater Ersatz gefunden, der die Einberufung eines Meetings umgeht.

Diese Anforderung zwingt Sie dazu, jeden einzelnen Besprechungsanlass nüchtern und objektiv zu durchforsten. In der Regel werden bei diesem Prozess neue intelligente und Zeit sparende Wege des Informationsaustausches entdeckt.

Schon wenn Sie es schaffen, alle „Als-ob-Besprechungen" zu eliminieren, beseitigen Sie einen der größten Motivationskiller unter Ihren Mitarbeitern. „Als-ob-Besprechungen" sind Meetings, bei denen die Anwesenden lediglich informiert werden und der Leiter sich scheinheilig ein pseudo-demokratisches Deckmäntelchen umhängt.

4. Erfolgreiche Meetings: Voraussetzungen beim Teilnehmer-Verhalten

Nicht nur die Berechtigung der Ansetzung einer Besprechung entscheidet über deren Erfolgsperspektive, sondern auch das Verhalten der Teilnehmer. Auch hierzu sollten bestimmte Grundsätze beachtet werden:

> ## Um „miteinander zu reden", braucht es zweierlei:
> ## Zuhören und Reden!

Von vielen Menschen wird Zuhören mit völliger stiller Passivität verwechselt. Dabei ist Zuhören ein sehr aktiver Vorgang. Allein der aufmerksame Blick zum gerade Sprechenden drückt aktiv zumindest Interesse und Aufgeschlossenheit aus. Die innere Einstellung des Zuhörers spielt eine wichtige Rolle. Die in Gestik und Mimik sichtbare Akzeptanz des Gesprächspartners ist aktiver Ausdruck, dass eigene und fremde Standpunkte im Sinne der Zielsetzung überprüft und gewichtet werden. Einfühlungsvermögen und analytisches Denken wären sehr positive Begleiterscheinungen aktiven Zuhörens.

Auch beim Reden hilft die Beachtung verschiedener Verhaltensregeln dem produktiven Besprechungsfortschritt:

■ Formulieren Sie „Hörer-orientiert"
Verwenden Sie Art, Menge und Betonung der gewählten Worte richtig, um nicht nur das Gewicht der eigenen Meinung in der Runde zu sichern, sondern um damit auch das positive Gesprächsklima zu fördern.

■ Produktive Beiträge
Ergreifen Sie nur das Wort, wenn der eigene Beitrag ein zusätzliches Argument oder eine zusätzliche Information darstellt.

■ Kurze Ausführungen
„In der Kürze liegt die Würze!" – Ein sehr bekanntes und treffendes Sprichwort. Kompetenz wird nicht durch verwässerndes „Blabla" vermittelt.

■ Vertreten Sie Ihre Auffassung bestimmt
Klare Positionen schaffen Orientierungsmöglichkeiten für die Gesprächspartner. Sie und Ihre Argumente werden ernst genommen und erhalten Gewicht.

■ Begründen Sie Ihre Auffassung

Wenn die Gesprächspartner Ihre Intention verstehen und deren Ursprung und Begründung kennen, können sie sie besser einordnen und gewichten.

■ Zeigen Sie Verständnis

Auch wenn die Position des anderen nicht Ihrer eigenen Meinung entspricht: Zeigen Sie Verständnis für seine Sicht der Dinge. Verständnis ist der rote Teppich, auf dem ein Gesprächspartner zum gegebenen Zeitpunkt sich später Ihrer Meinung anschließen kann.

Jede Besprechung bewegt sich grundsätzlich im Spannungszustand von vier Kraftfeldern, die es in Einklang zu bringen gilt:

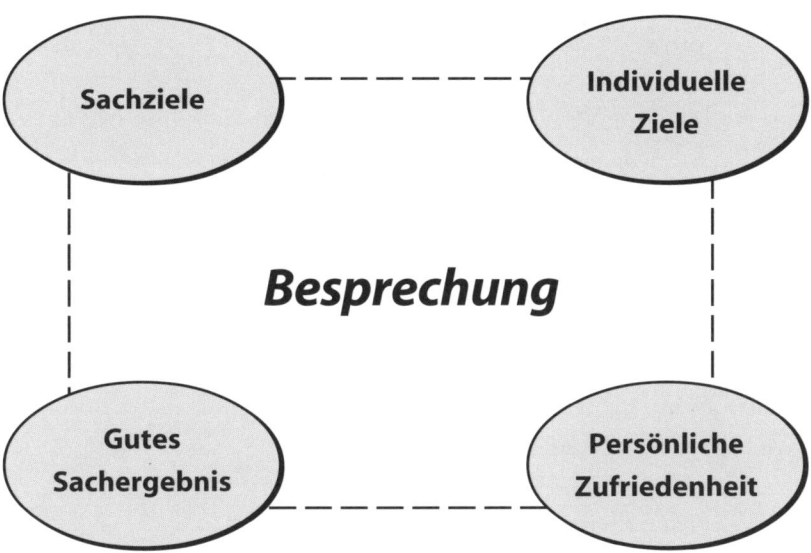

Trotz der Beachtung aller Regeln, trotz bester Vorsätze und guter Themen, entwickeln sich viele Meetings fruchtlos und frustrierend. Manche Diskussionen ziehen sich zäh dahin. Meinungen prallen scheinbar unvereinbar aufeinander. Manche lassen das Wort-Gefecht eher gelangweilt an sich vorbeiziehen und glänzen durch demonstrative Passivität. Mit der Zeit wiederholen sich immer wieder die gleichen Argumente und Standpunkte. Die Diskussion dreht sich im Kreis und kommt nicht voran. Schon mal erlebt?

Dafür gibt es Gründe die unter anderem in Tradition und Psyche verwurzelt sind:

■ Unser Rollen-Verhalten verlangt, Standpunkt(e) zu beziehen. Sobald wir uns aber mit unserer Meinung identifiziert haben, stehen nicht mehr nur Argumente, sondern allzu häufig eher Personen gegeneinander.

■ Sich von einer anderen Meinung überzeugen lassen gilt immer noch als vermeintliche Schwäche, als Nachgeben oder gar Unterlegenheit.

■ Daher wird die „(Selbst-)Verteidigung" von Positionen wichtiger als die Sache, um die es eigentlich geht.

■ Wer seine Meinung vornehmlich verteidigt, zeigt wenig Interesse am anderen und vernachlässigt aktives Zuhören.

■ Stichwort: „Die Sache zählt!" – Argumente oder Entscheidungen lösen jedoch Gefühle aus. Gefühle und deren Äußerung sind aber viel zu häufig tabu, obwohl sie wichtige Indikatoren bei Entscheidungssituationen darstellen. Die Unterdrückung von Gefühlen oder aber deren unkontrollierte, gar aggressive Äußerung bedingt eine äußerst negative und spannungsbehaftete Entwicklung eines Meetings.

Gerade um solche Klippen zu umschiffen, ist das Modell der „6 Hüte des Denkens" angebracht und erfolgreich. Es hilft in vielen Situationen, Besprechungen und Diskussionen effizienter, reibungsarmer und produktiver zu machen.

Die Denk-Hüte

Die Idee der 6 Denk-Hüte von Edward de Bono, einem anerkannten Experten für Denk- und Lernprozesse, erscheint ganz einfach:

> **Regel 1**
> Nicht mehr „drauf los" diskutieren, sondern der Reihe nach verschiedene Aspekte des Themas gemeinsam bedenken und besprechen!

> **Regel 2**
> Sechs Kriterien werden sechs Hüten zugeordnet!

> **Regel 3**
> Alle Beteiligten tragen zur gleichen Zeit den gleichen Hut!

Jeder einzelne Besprechungsteilnehmer ordnet sich so in eine klare Strukturierung ein und nimmt mit den anderen gleichzeitig bestimmte Rollen an. Nicht immer fühlt sich jeder in jeder Rolle wohl. Das ist klar und nachvollziehbar. Hier sollte kein verkrampftes und gezwungenes Mitmachen provoziert werden. Dies würde nur wieder ungewollte und unproduktive Verlängerungen der Besprechungssituation nach sich ziehen. Aus diesem Grund sollte auch die Regel 4 beachtet werden:

> **Regel 4**
> Wer unter einem bestimmten Hut nichts beitragen will oder kann, bleibt still!

In der nachfolgenden Erläuterung werden die 6 Hüte unterschiedlichen Farben zugeordnet. Diese Farbverwendung kann durchaus zum Beispiel durch Karten in der Besprechung ihren Ausdruck finden.

Zunächst der Überblick:

weiß   neutrale Informationen und Fakten benennen

rot   Gefühle und Wirkungen artikulieren

schwarz   Bedenken formulieren, Gefahren aufzeigen

gelb   Vorteile und positive Auswirkungen sammeln

grün   zusätzliche Ideen, Alternativen entwickeln

blau   Ergebnis zusammenfassen, Entscheidungen treffen, Vorgehen vereinbaren

Der weiße Hut: neutral & objektiv

Gefragt sind Daten und Fakten, „neutrale Informationen"! Weiße Themen können sein: Informationen, Informationsbeschaffung, Wichtigkeit oder Genauigkeit!

Über welche Informationen verfügen wir? Welche Daten und Fakten erscheinen uns relevant und bedeutsam? Wie abgesichert sind sie? Wie können wir sie erhärten? Welche weiteren Informationen benötigen wir? Wie können wir sie beschaffen? Benennen Sie ruhig auch umstrittene Informationen, geben Sie dabei aber die Quelle an!

Der rote Hut: Feuer, Emotionen

Hier geht es um Gefühle, Intuition, Ahnungen, Ängste, Sorgen. In der Regel also werden Eindrücke besprochen, die rational nicht oder nur schwer fassbar sind. Dies stellt einen wichtigen Teil des Denkprozesses und einen Indikator für Entscheidungen dar. Ist mir „mulmig" oder bin ich begeistert? Vertraue ich den vorgebrachten Informationen und Argumenten? Was fühle ich bei „der ganzen Angelegenheit"? Achtung: Begründungen und Rechtfertigungen brauchen für die Emotionen nicht geliefert werden!

Der schwarze Hut: Vorsicht, Kritik

Hier geht es um Risiken, Gefahren, Einwände! Was könnte schief gehen? Wie könnte man Fehler vorhersehen und vermeiden? Wie wäre Schaden abzuwenden? Was erscheint falsch oder unsinnig? Wo sind Widersprüche zu entdecken? Aus welchen Gründen kann das „so nicht funktionieren"? Welche rechtlichen Einwände könnte es eventuell geben? Sprechen Erfahrungen gegen eine Vorgehensweise?

Grundsätzlich geht es beim schwarzen Hut darum, nüchtern und sachlich die negativen Seiten aufs Tapet zu bringen. So fühlen sich insbesondere auch Bedenkenträger konstruktiv eingebunden. Dies heißt nicht, dass Vorsicht und negative Erwartungshaltung die Besprechung und die Entscheidungsfindung insgesamt dominieren!

Der gelbe Hut: Sonne, Optimismus

Unter dem gelben Hut werden die positiven Aspekte der gesamten Thematik beleuchtet. Welche Vorteile hat die diskutierte Idee oder das Vorhaben? Welche Argumente sprechen für eine Sache? Welche Chancen entspringen einer geplanten Entscheidung oder Vorgehensweise? Wie lässt sich am besten alles realisieren? Gibt es Synergien, die auch für andere Bereiche positive Auswirkungen zeitigen? Wo liegen Vorteile, an die noch keiner gedacht hat? Wie können wir die Vorteile nutzen?

Ähnlich wie zuvor beim schwarzen Hut in entgegengesetzter Richtung geht es unter dem gelben Hut nicht um das überzogene Hochstilisieren sonniger Perspektiven. Hier hat ganz einfach die positive Seite ihren klaren Platz.

Der grüne Hut: Natur, Wachstum

Unter Grün ist die Kreativität gefragt. Alles dreht sich um neue Aspekte, Ideen oder weitere Alternativen. Wie kann man eines Sache weiterentwickeln? Auf welchen anderen Wegen können wir das angepeilte Ziel noch erreichen? Was könnte man anders machen? Wie könnte dies geschehen?

In dieser Phase der Besprechung sollte wirklich dem Denken in neue Richtungen freier Lauf gelassen werden. Auf keinen Fall dürfen dabei Vorschläge gleich im Keim erstickt, das heißt noch in der Entstehungsphase zerredet werden. Brainstorming, also „erst Stoff sammeln, ohne darüber zu reden – danach analysieren und bewerten" ist hier eine bewerte Methode. Sie erfordert allerdings von manchen Zeitgenossen auch bewusste Selbstdisziplin.

 **Der blaue Hut: Überblick, Regie & Prozess**

Blau kennzeichnet den Umgang mit der Sache, um Vorschläge zum Vorgehen und um die Herstellung von Ergebnissen. Es werden Fragen geklärt wie: Was genau wollen wir erreichen? An welche Spielregeln halten wir uns? Haben wir alles bedacht? Wie können wir zusammenfassen, schlussfolgern und vereinbaren, wie es weitergeht?

Reihenfolge nicht vorgegeben

Im Grunde ist die Reihenfolge der Hüte bei den 6 Hüten des Denkens nicht vorgegeben. Sie ergibt sich jeweils aus dem Anlass und der Thematik des Meetings. Natürlich kann es auch immer wieder sein, dass die Teilnehmer feststellen, dass „ein Hut nochmals aufgesetzt werden muss" – also ein Bereich nochmals behandelt wird. Auch hier ist entscheidend, dass wieder alle denselben Hut nochmals aufsetzen.

In jedem Fall geben Ihnen die 6 Hüte des Denkens aber eine entkrampfende, klar strukturierende Richtung vor, die auch schwierige Besprechungen produktiv und nutzbringend werden lässt!

Der Autor

Heinz Scherle

Verkäuferpotenziale systematisch nutzen – Die Führungskraft als „Entwicklungshelfer"

Die gezielte Weiterentwicklung von Mitarbeitern ist Schwerpunkt der Tätigkeit von Heinz Scherle als Trainer. Als Coach von Führungskräften entwickelt er Methoden zur systematischen Potenzialerweiterung bei Verkäufern. Der Mensch in allen seinen Facetten steht für ihn im Mittelpunkt, wenn der Verkaufsleiter „Entwicklungshelfer" sein will.

Verkäuferpotenziale systematisch nutzen – Die Führungskraft als „Entwicklungshelfer"

> ## Management ist die Kunst, Potenziale zugänglich und nutzbar zu machen

1. Die Kompetenz der Führungskraft als Erfolgsfaktor

In weiterhin härter werdenden Märkten, die zunehmend zu einer Auslese zwischen konkurrierenden Unternehmen führen, wird es immer schwieriger, nicht in der „grauen Masse" der Betriebe zu versinken, die, realistisch betrachtet, keine oder nur geringe Überlebenschancen haben werden. Produkte und Dienstleistungen sind in den meisten Fällen nahezu identisch, und das Gewinnen von Marktpräferenzen über den Preis erledigt sich spätestens dann von selbst, wenn über längere Zeit keine Gewinne, sondern ausschließlich Verluste eingefahren werden.

Auch der Erfolgsfaktor „Service", der im Moment häufig als der Wettbewerbsvorteil der Zukunft deklariert wird, stößt irgendwann aus einem einfachen Grund an seine Grenzen: Service kostet Geld und ist demzufolge (soweit die Preise nicht beliebig erhöht werden können, war, die heutigen Märkte nicht erlauben) nicht beliebig weiter zu verbessern.

Aus dem eben Gesagten ergibt sich fast zwangsläufig, dass die Kompetenz der Führungskräfte, als eines der bedeutsamsten Qualitätsmerkmale, immer mehr zu einem Alleinstellungsmerkmal im Markt werden wird, das durch die daraus entstehende Unterscheidung im Wettbewerb zu dem Erfolgsfaktor heranwächst.

Was ist mit Kompetenz gemeint?

Unter Kompetenz ist nicht die fachlich-sachliche Kompetenz zu verstehen, nach der, auch wenn manche das Gegenteil behaupten, immer noch die Mehrzahl der Führungskräfte ausgesucht wird, sondern:

- Soziale und
- Emotionale Kompetenz.

Diese Aspekte der Kompetenz sind auch deswegen so „wertvoll", weil sie im Einflussbereich des Unternehmens liegen, d.h. vom Unternehmen „steuerbar" sind.

Frau Prof. Gertrud Höhler schreibt in ihrem Buch „Herzschlag der Sieger" von der „EQ-Revolution" und kommt zum Ergebnis, dass IQ + EQ den neuen „Power-Mix" darstellen. Leider ist es mit sozialer und emotionaler Kompetenz bei den Führungskräften in vielen deutschen Unternehmen nicht besonders gut bestellt.

Woran liegt das?

- Viele Führungskräfte haben auf ihrem eigenen Weg an die Spitze keine Vorbilder kennen gelernt, sondern wurden selbst nach eher „traditionellen" Methoden geführt.

- Sie haben selbst erfahren, dass fachlich-sachliche und methodische Kompetenz (verbunden mit einer guten Portion „Ellenbogen") am besten den Weg nach oben ebnen.

- Manche Führungskräfte haben sehr wohl erkannt, dass die Beziehung zu ihren Mitarbeitern ein entscheidendes Kriterium für deren Leistungsfähigkeit darstellt, sie trauen sich aber nicht, dieses Wissen konsequent umzusetzen. Sie befürchten Akzeptanzverluste bei ihren Führungskraft-Kollegen oder dass Mitarbeiter solche Führungsverhaltensweisen ausnutzen könnten. (Wofür eigentlich?)

■ Manche Führungskräfte erleben sich selbst sogar als sozial und emotional kompetent, obwohl ihre Mitarbeiter dies teilweise anders wahrnehmen. Das liegt daran, dass Führungskräfte ihr eigenes Verhalten zu wenig reflektieren (keine Zeit!?) und außerdem von ihren Mitarbeitern selten eine offene und ehrliche Rückmeldung erhalten. Hinzu kommt, dass Beurteilungen von unten nach oben noch längst nicht in jedem Unternehmen eingeführt sind.

■ Nicht zuletzt stellt sich auch die Frage, inwieweit soziale und emotionale Kompetenz überhaupt (nach-)lernbar ist. Tatsache ist, dass Fachwissen leichter erlernbar ist. Nichtsdestotrotz ist auch Beziehungskompetenz bei Anwendung geeigneter Methoden bis zu einem gewissen Grad und sehr individuell (nach-)entwickelbar.

2. Die Grundlage

Das Wissen und die Überzeugung, dass Menschen in einem wachstumsfördernden Umfeld entwicklungsfähig sind

Es ist keine neue Erkenntnis, dass Menschen in einem bestimmten wachstumsfördernden Umfeld entwicklungsfähig sind. Leider wird dieses Wissen viel zu selten in praktisches Handeln umgesetzt. Natürlich kann sich jeder Mensch nur selbst verändern, d. h. weiterentwickeln. Die Führungskraft kann jedoch als „Entwicklungshelfer" dabei unterstützend behilflich sein und das Umfeld schaffen, das es dem Mitarbeiter ermöglicht, seine Leistungsfähigkeit durch die Nutzung angelegter (und häufig nicht zugänglicher) Potenziale zu steigern.

Diese Form der Entwicklungshilfe lohnt sich wirklich, denn:

Wenn sich Einzelne entwickeln

▼

Entwickeln sich Gruppen

▼

Entwickeln sich Unternehmen

▼

Stellt sich Erfolg ein.

Das Ziel:

Die Kompetenz von Führungskräften als Unterscheidungsmerkmal zum Mitbewerb.

3. Faktoren eines (Potenzial)entwicklungs-hemmenden Umfelds im Unternehmen

■ Die Führungskraft gibt alle Ziele vor und weiß alles besser

Die Führungskraft „regiert", die Mitarbeiter werden lediglich als Ausführende betrachtet. Ziele werden nicht gemeinsam entwickelt, eine dahinter stehende Vision ist nicht bekannt. Die Führungskraft ist gleichzeitig in allen Bereichen der größte Experte. Die Übernahme von Verantwortung und Selbstständigkeit wird genauso wenig gefördert wie die Entwicklung von Kreativität. Mit der Zeit haben die Mitarbeiter „gelernt", sich anzupassen und ihren „Job" zu erledigen. Innerlich ist der Mitarbeiter mit dem Unternehmen nicht verbunden.

■ Es wird lieber kritisiert, als anerkannt

Das Selbstwertgefühl der meisten Menschen ist nicht in dem Maß gefestigt, um ohne Bestätigung von außen auszukommen. Das Gegenteil ist der Fall: Wir sehnen uns nach Anerkennung durch die Menschen, die uns wichtig sind. Dazu gehört zweifelsohne auch die Führungskraft. Leider führen viele Vorgesetzte immer noch nach dem Motto: „Wenn ich nichts sage, bin ich zufrieden." Der Mitarbeiter bekommt dann eine Rückmeldung, wenn die Führungskraft nicht zufrieden ist. Anerkennung wird, wenn überhaupt, eher pauschal und daher nicht ausreichend wirksam gegeben.

■ Am liebsten macht die Führungskraft alles selbst und vertraut keinem so richtig

Die Führungskraft ist nicht nur der beste Experte, sondern auch der beste Sachbearbeiter. Das ist für den Mitarbeiter, sobald er dies merkt, zunächst einmal sehr bequem, weil ihm dadurch manche Arbeit abgenommen wird. Auf Dauer leidet er jedoch darunter, dass die Führungskraft ganz offensichtlich kein Vertrauen zu ihm hat. Er traut sich immer weniger zu, sichert sich häufig beim Vorgesetzten ab und führt nur noch die Aufgaben aus, die ihm aufgetragen werden. Er verliert deutlich an Leistungsfähigkeit.

■ Arbeitsergebnisse von Mitarbeitern stellen nie zufrieden

Wie bereits erwähnt, ist die Anerkennung durch die Führungskraft „Balsam" für den Mitarbeiter, und zwar insbesondere dann, wenn diese an konkreten Arbeitsergebnissen festgemacht werden kann. Wenn die Arbeitsergebnisse trotz aller Bemühungen nie zufrieden stellen und deshalb auch nicht entsprechend gewürdigt werden, so wird der Mitarbeiter den Glauben an seine Fähigkeiten verlieren. Darunter leidet seine Arbeit, die auf Dauer fehlerhaft und unvollständig werden wird.

■ Entscheidungen werden alleine gefällt (ohne die Situation im Detail zu kennen)

Das Fällen selbständiger Entscheidungen ist für viele Menschen mit Unsicherheit verbunden und muss deshalb immer wieder gefördert und trainiert werden. Dieses Training wird dann nicht erfolgen, wenn die Führungskraft die meisten Entscheidungen an sich zieht und alleine entscheidet. Eine wichtige „Entwicklungshilfe" wird dadurch versäumt, Eigeninitiative und die Übernahme von Verantwortung verhindert.

■ Es herrscht eine Atmosphäre von Disharmonie und ständigem Konflikt

Nichts ist für einen Mitarbeiter schlimmer, als mit dem „Führenden" in Konflikt zu leben. Diese Situation ist für ihn einer der schlimmsten „Energiefresser". Er wird sich auf Dauer in sich zurückziehen, um möglichst wenig Kontakt mit dem Vorgesetzten zu haben und sich dadurch zu schützen. Er lebt mit einem Gefühl der Angst, wodurch es ihm unmöglich ist, an seine Potentiale heranzukommen.

■ Der Mitarbeiter fühlt sich „allein gelassen", die Führungskraft steht als Gesprächspartner nicht zur Verfügung

Eine der wichtigsten Forderungen des Mitarbeiters an die Führungskraft ist Zeit. Zeit für Gespräche und damit Zeit für den Menschen, der sich hinter dem Mitarbeiter „verbirgt". Der Mitarbeiter fühlt sich wichtig und ernst genommen, er hat den Eindruck, dass er so, wie er ist, akzeptiert wird. Er spürt die Verbundenheit zur Führungskraft und damit zum Unternehmen. Steht die Führungskraft als Ansprechpartner nicht zur Verfügung, so fehlt dem Mitarbeiter diese Identifikation und die Überzeugung, mehr zu sein als ein anonymer Teil des Unternehmens, der jederzeit auswechselbar ist und dessen Bedeutung nicht größer ist als die Funktion, die er ausübt.

■ Die Führungskraft spricht am liebsten selbst und hat aufmerksames und interessiertes Zuhören nicht gelernt

Häufig ist nicht die Zeit, welche die Führungskraft für den Mitarbeiter aufbringt, allein das entscheidende Merkmal für die Beziehung, sondern insbesondere die Intensität dieses Kontaktes. Die Führungskraft als aufmerksamen und interessierten Zuhörer zu erleben ist für den Mitarbeiter ein „Gewinn", der es ihm ermöglicht, in einen echten Kontakt zu kommen und möglicherweise Themen anzusprechen, die ihm wirklich am Herzen liegen. Wird die Führungskraft so nicht wahrgenommen, so wird die Beziehung zwischen Führungskraft und Mitarbeiter immer einen formalen Charakter behalten.

■ Es besteht keine tragfähige Beziehung zwischen Mitarbeiter und Führungskraft

Der im letzten Punkt aufgeführte formale Charakter in der Beziehung zwischen Führungskraft und Mitarbeiter wird nicht die Tragfähigkeit besitzen, die es gerade in schwierigen Zeiten möglich macht, gemeinsam erfolgreich zu sein bzw. zu bleiben.

■ Die Führungskraft lebt die Verhaltensweisen, die von den Mitarbeitern eingefordert werden, nicht vor

In vielen deutschen Unternehmen fällt auf, dass gerade die Führungskräfte, die besonders hohe Anforderungen an die Verhaltensweisen ihrer Mitarbeiter stellen, gerade dieses Verhalten selbst nicht zeigen. Sie leben das nicht vor, was sie von ihren Mitarbeitern verlangen. Dadurch entsteht für den Mitarbeiter zwangsläufig ein Vertrauensproblem. Sein Vertrauen in seinen Vorgesetzten schwindet. Und mit dem Vertrauen schwindet auch die Glaubwürdigkeit. In der Beziehung entsteht ein Glaubwürdigkeitsproblem, das ein konstruktives Miteinander erheblich erschwert.

▪ Mitarbeiter werden gegeneinander ausgespielt – Die Führungskraft informiert „selektiv"

Die Zusammenarbeit von Arbeitsgruppen basiert auf dem „Miteinander" der einzelnen Beteiligten. Selektive Information und das offensichtliche Bevorzugen einzelner Mitarbeiter fördert eine Atmosphäre der „Gegeneinanders". Der dadurch entstehende Wettbewerb erhöht die Leistungsfähigkeit der Gruppe nicht (auch wenn manche Führungskräfte das glauben), sondern bindet Energien, die für die eigentliche Aufgabe der Arbeitsgruppe dann nicht zur Verfügung stehen. Die Gruppe wird nie die Leistungsfähigkeit erreichen, die gelebte Teamarbeit möglich macht.

▪ Der von den Mitarbeitern wahrgenommene Führungsstil ist nicht transparent und wechselt unkalkulierbar

Selbstverständlich hat Führen stark situativen Charakter. Dennoch sollte Führung transparent und kalkulierbar sein. Mitarbeiter wollen wissen, „woran sie sind". Unkalkulierbarkeit, z. B. aufgrund von Stimmungsschwankungen, verunsichert und fördert Ängste.

4. Faktoren (Potenzial)entwicklungsfördernden Verhaltens durch die Führungskraft

■ Vertrauen

Aus Vertrauen wächst ein Gefühl der Geborgenheit, Gelassenheit und Gelöstheit. Vertrauen entsteht insbesondere durch das Schaffen von Selbstständigkeit, der Übergabe von Verantwortung und dem Ermöglichen von Verhaltensspielräumen. Der Mitarbeiter gibt das Vertrauen dankbar zurück, weil das Vertrauen, das er von seiner Führungskraft spürt, sein SELBST-Vertrauen wachsen lässt. Er traut sich neue, anspruchsvollere Aufgaben zu, entwickelt seine Entscheidungsfähigkeit und übernimmt Verantwortung.

> ## *Nichts kann den Menschen mehr stärken*
> ## *als das Vertrauen,*
> ## *das man ihm entgegenbringt.*

■ Harmonie

Der Mitarbeiter fühlt sich mit seiner Führungskraft wohl. Er freut sich über seine Anerkennung und ist in der Lage, Anregungen für Veränderungen konstruktiv und offen anzunehmen. Die Beziehung ist tragfähig und kann Belastungssituationen aushalten. Es besteht eine Balance zwischen der Anforderung der zu erfüllenden Aufgabe und der Menschlichkeit, die im Unternehmen herrscht.

■ Akzeptanz

Dabei geht es nicht um die Akzeptanz jeglicher Verhaltensweisen, sondern um die Akzeptanz als wertvoller Mensch mit hohem Entwicklungspotenzial. Der

Mitarbeiter fühlt, dass er mehr wert ist als das kleine Rädchen im Getriebe, das eine bestimmte Aufgabe zu erfüllen hat. Er sieht sich nicht als Untergebener, von dem eine bestimmte Leistung gefordert wird, sondern als Mensch, dessen Leben aus mehr als der beruflichen Tätigkeit besteht.

■ Zuwendung

Mitarbeiter haben grundsätzlich den Wunsch nach Zuwendung. Zuwendungs-defizite führen leicht zu Frustration und „erzwungener" Zuwendung (z. B. durch Krankheit). Zuwendung erfolgt in erster Linie durch Kommunikation. Positive Kommunikation bedeutet in erster Linie, Zeit für den Mitarbeiter (lieber selten als oberflächlich) und größtmögliche Aufmerksamkeit während des Gesprächs.

■ Über eigene Gefühle sprechen (ich ...)

Menschlichkeit, nicht Perfektionismus, führt zu Identifikation. Das Anspre-chen eigener Gefühle (auch Traurigkeit, Unsicherheit, Enttäuschung u. Ä.), das Zugeben eigener Unzulänglichkeiten (z. B. sich entschuldigen) schafft Vertrauen. Es steht über allen Techniken! Leider glauben immer noch viele Führungskräfte, dass möglichst geringe Schwankungen auf der Gefühlsskala ein Zeichen ihrer Führungsfähigkeit seien. Wer sich „im Griff hat", muss nie an die Enden der Emotionsskala, weder oben noch unten.

> *Gefühle*
> *sind ansteckender*
> *als Gedanken.*

Zuhören

Wer nicht zuhören kann, will selbst im Mittelpunkt der Kommunikation stehen. Nicht zuhören wird vom Gesprächspartner (Mitarbeiter) auch als **innere** Abweisung erlebt. Leider ist Zuhören keines der wichtigsten Elemente im Rahmen der Ausbildung von Führungskräften. Schade, denn gutes, emphatisches Zuhören ist eine der wertvollsten Fähigkeiten im Rahmen sozialer Kompetenz und eine wichtige Brücke auf dem Weg zu einem echten Kontakt zwischen Menschen.

Begleitung und Unterstützung (Coaching)

Die Qualität eines Begleiters, der seine Aufgabe nicht als „Zwergenproduzent", sondern als „Königsmacher" sieht und dadurch Mitarbeiter zur Weiterentwicklung anregt, liegt neben der fachlichen und methodischen Kompetenz in erster Linie im hohen sozialen und emotionalen Potenzial.

Stärken stärken

Der beste und überzeugendste Weg, Mitarbeiter im Umgang mit (noch) nicht entwickelten Potenzialen zu unterstützen, liegt darin, deren Stärken zu fördern. Dabei entsteht Selbstvertrauen in die eigene Leistungsfähigkeit und Zuversicht in das eigene Wachstum.

Motivationsmanagement

Dazu gehört insbesondere eine erstrebenswerte Vision, die durch klare und eindeutige (Zwischen)ziele Konturen erhält und konkret wird. Dadurch wird es möglich, den Wert der Vision für jeden Mitarbeiter persönlich zu machen, weil er erkennt, dass unternehmerische Ziele persönlichen Zielen nicht widersprechen, sondern, im Gegenteil, sogar mit diesen übereinstimmen bzw. diese ergänzen.

■ Sinn vermitteln

Als Faktor erstklassiger Kommunikation gewinnt das Vermitteln von Sinn einen hohen Wert. Ein Mitarbeiter spürt sehr schnell, ob das „Treiben" im Unternehmen sinnvoll ist. Ist das aus seiner Sicht nicht der Fall, so kommt der Mitarbeiter „abhanden". Sein Engagement verlässt das Unternehmen. Er gibt nicht mehr sein Bestes, weil er deutlich sieht: Das Unternehmen ist es nicht wert! Der kommunikative „Sinn-Transport" von der Führungskraft zum Mitarbeiter hat versagt.

5. Die Wirkung (Potenzial)entwicklungsfördernden Verhaltens durch die Führungskraft

Die eigene Entwicklung der Führungskraft, um „Entwicklungshelfer" seiner Mitarbeiter zu sein

Um die aufgeführten Eigenschaften und Verhaltensweisen auch tatsächlich authentisch in der Beziehung zu seinen Mitarbeitern leben zu können, ergibt es sich von selbst, dass die „Arbeit" bei der Führungskraft beginnt. Denn, wer andere in ihrer Entwicklung konstruktiv fördern will, muss zunächst mit sich selbst konstruktiv umgehen. Ist dies nicht der Fall, so ist eine überzeugende Vermittlung nicht möglich. Nachfolgend sind die wichtigsten Kriterien der eigenen Entwicklung der Führungskraft aufgeführt.

■ Stabiles psychisches Fundament: Selbstwertgefühl

Selbstwertgefühl ist ein elementares, emotionales, positives Gefühl des Menschen zu seiner Existenz:

„Ich mag mich, weil es mich gibt."

Es wäre fatal für die Führungskraft, ihr Selbstwertgefühl ausschließlich aus der fachlichen Kompetenz abzuleiten, weil dieses Fundament ständig gefährdet ist. Grundlage eines authentischen Selbstwertgefühls ist vielmehr wirkliche Selbstakzeptanz (auch des eigenen Körpers!) und somit die Entwicklung eines WERT-Gefühls. Aus diesem Selbst-WERT-Gefühl erwächst eine konstruktive Zuwendung und Beschäftigung mit sich selbst, die zu einer inneren Sensibilität führt, die von anderen (nach außen) als Empathie wahrgenommen wird.

■ Bereitschaft zur Selbsterkenntnis

Zuwendung und Beschäftigung mit sich selbst fördern die Wahrnehmung der eigenen ICH-Realität. Dieser Blick in die eigene Persönlichkeit ist die Grundlage für Menschenkenntnis.

■ Bewusstheit über die eigenen Werte

Die Führungskraft ist sich ihrer eigenen Werte bewusst. Und zwar der Werte, die sie bei ihrer Aufgabe als „Entwicklungshelfer" ihrer Mitarbeiter fördern, genauso wie der Werte, die sie dabei hindern. Die Mehrzahl der Führungskräfte hat sich über ihr Wertesystem keine Gedanken gemacht und ist demnach nicht in der Lage, die Auswirkungen eigener Werte auf ihr Führungsverhalten konkret zu und in ihren Auswirkungen zu beschreiben.

■ Interesse am eigenen Fremdbild

Mit Fremdbild ist die Summe der Eindrücke gemeint, die wir bei anderen Menschen hinterlassen. Zu Erkenntnissen über sich selbst ist es unbedingt erforderlich, das eigene Fremdbild näher kennen zu lernen. Wer sich als Führungskraft über sein Fremdbild nicht klar ist, könnte seine Beziehung zu seinen Mitarbeitern falsch einschätzen. Das ist aber so ziemlich das Schlimmste, was dem Führenden passieren kann. Wer die Mitarbeiterbeziehung nicht wirklich kennt, gelangt auch nicht zu einer der wesentlichsten Aufgaben der

Führungskraft, nämlich dazu, die Menschenkenntnis „umzusetzen". Und wie kann sich jemand gründlich mit der eigenen Persönlichkeit beschäftigen, wenn er sich nicht für das eigene Fremdbild interessiert?

■ Positive Lebenseinstellung

Mit einer positiven Lebenseinstellung ist es möglich, Menschen, die resigniert haben, die in die innere Kündigung gegangen sind, neu zu beleben. Die gelebte positive Einstellung zum Leben strahlt aus und gibt Kraft.

■ Identifikation aus Menschlichkeit, nicht aus Perfektion

Der Perfekte wird verehrt, aber nicht „geliebt". Der Perfekte besitzt kein konstruktives Kritikverhalten. Der Mitarbeiter, der merkt, dass „seine" Führungskraft zu ihren Unzulänglichkeiten steht und diese eingesteht, erlebt den Führenden als Mensch. Die Führungskraft gewinnt dadurch an Größe und wächst in ihrer natürlichen Autorität. Das falsche Autoritätsverständnis ist es sehr häufig, das Führende in ein Verhaltensmuster hineindrängt, besonders tadellos und vorbildlich zu wirken. Natürlich soll die Führungskraft Vorbild sein. Aber das heißt bei der sozialen und emotionalen Kompetenz, Menschlichkeit, Verbindlichkeit, Wärme und Herzlichkeit zu zeigen.

> *Wer andere führen will,*
> *muss mit sich selbst konstruktiv umgehen,*
> *um dies auch seinen Mitarbeitern*
> *überzeugend vermitteln zu können.*

Weitere Publikationen des Herausgebers Peter Josef Senner

erschienen im
Max Schimmel Verlag

Besuchen Sie uns auch im Internet: www.businessmedien.de

Peter Josef Senner: **So führen Sie Ihre Mitarbeiter zum Verkaufserfolg**

Verkäufer-Coaching

Führungsqualitäten durch Partnerschaft!
Doch wie führt man Mitarbeiter, insbesondere Verkäufer? Ein Leitfaden für moderne Verkäuferführung, praktische und psychologische Unterstützung für den Mitarbeiter. Der Chef wird zum Teamchef, der moderiert und motiviert.

Peter Josef Senner
So führen Sie Ihre Mitarbeiter zum Verkaufserfolg
ISBN 3-920834-21-6
2. Auflage, 158 Seiten +
sechsseitiger Coachingplan
DM 98,–

Erhältlich in Ihrer Buchhandlung. Das aktuelle Verlagsprogramm ist anzufordern beim: